誰も教えてくれなかった ゴルフクラブ最強の使い方

森 守洋
MORI MORIHIRO

河出書房新社

はじめに

皆さん、こんにちは。プロコーチの森守洋です。

私は現在、東京都三鷹市の『東京ゴルフスタジオ』で老若男女を問わず、多くのアマチュアゴルファーを対象にしたレッスン活動を行っています。

スタジオにいらっしゃるゴルファーの皆さんを含めて、一般ゴルファーの皆さんはとても練習熱心です。

それでいて、ゴルファー個々の上達の度合いに大きな差が見られます。

どうしてでしょうか？

ゴルフのセンス？　練習密度の差？　それとも筋力や体の柔軟性の違い？

実は、どれも違います。

ほとんどの人はゴルフスイングに対して、「体をどう動かせばいいか」「どんなスイングを目指したらいいのか」「何か秘策があるのでは？」などといったことに思考をめぐらせます。

それは決して間違いではありません。でもそこばかりに意識がいくのはよくないことだと思います。

今ではなんとかスイング論とか、〇〇打法などと色々な理論が展開されているので仕方のないことかもしれません。

でも、上手い人たちはスイング論よりもももっと大事にしていることがあるのです。

何かというと、「クラブという道具をどう扱うか」をつねに考えていることです。

わかりやすくいえば、多くのゴルファーが自分を主と考えるのに対して、上手い人たちはクラブを主と考えているのです。

稀代のゴルファーであるベン・ホーガンやボビー・ジョーンズらが説いたスイング論が絶対的なものであることは、経験を積んだゴルファーならよくご存知でしょう。

それでは「いいスイング」とはなんでしょうか？

レッスンの前に私がアマチュアの方々に聞くのですが、多くの方が曖昧な答えしかできません。

プロたちは基本的な動きとか、ホーガンが著した『モダン・ゴルフ』で解説されているような基本の動きが無意識に身についていて、どうしても感覚論に走ってしまいがちですが、結局は再現性が高くて反復性にも優れたスイングがベストだという答えに行き着きます。

では、いいスイングってどんなスイングかというと、頭の中で整理できていないから、答えが見つからないわけです。

話を戻しましょう。ゴルフが上手い人やすぐに上達する人と、そうではない人の違いはクラブを主と考えるか従と考えるかの違いに尽きます。

クラブにどう仕事をさせるかに意識が行く人は、いいスイングのイメージがすぐに把握できます。

よく考えてみてください。

ゴルフクラブは野球のバットやテニスのラケットなどのように「道具」を使ってボール打つスポーツです。

それなのに体の動かし方ばかりが注目されて、道具の扱い方の説明がほとんどなされていません。

これは、おかしな話だと思いませんか？

カメラやビデオ、洗濯機などと同じように「取り扱い説明書」があってもいいはずですし、最初にゴルフクラブをどう使いこなすかの説明がなされるべきだと私は思うのです。

ゴルフは道具ありきです。道具の使い方を先に覚えた人はどんどん上達します。

本書はゴルフスイングのレッスン書ではありません。

スイングとはこういうものですといった解説も多少はありますが、大部分はクラブの使い方の解説と思ってください。

スイングにおける体の動かし方を追求し続けるか。道具の使い方からスイングを覚えていくか。

今のあなたは、その分岐点に立っているところです。

一人でも多くのゴルファーが進むべき道を間違えずに、上達の喜びを味わって頂けたら本望です。

森　守洋

CONTENTS

誰も教えてくれなかった ゴルフクラブ最強の使い方

序章

スイングの形を覚えるよりも大事なことがある

第1章 ゴルフスイングの「振り子」のメカニズム

第2章 グリップ内の「圧力変化」を感じ取るのが大切

第3章 グリップ支点をコースで応用するコツ

第4章 グリップ支点の動きとボディモーションの連動をマスター

第5章 クラブの正しい使い方を覚えるドリル集

序章

スイングの形を覚えるよりも大事なことがある

スイングの肝は目に見えないところにある

「いいスイング」がなんのためにあるかというと、クラブの円弧を安定させることです。ゴルフの場合、静止したボールを打つスポーツですから、体の軸とクラブの関係性をキープして円弧を形成することが絶対条件となります。

一方でゴルフのスイングを「振り子運動」にたとえて説明させることがよくあるでしょう。

第1章で詳しく説明しますが、ゴルフスイングには2つの振り子があります。

ひとつはグリップを支点とした振り子です。

そして、もうひとつは脊柱《せきちゅう》上部を支点とした振り子で、それぞれの振り子の運動を上手く連動させることで円軌道が安定するのです。

それだけいえば、なんとなくわかったような気がするでしょう。

ところがスイングの肝というのは、実は目に見えないところに隠されているのです。

スイングの原理原則は円軌道だということは頭で理解していても、目に見えない部分に気づかないままでいると上達が遅れてしまいます。

形だけはできているように見えても、残念ながら多くのゴルファーは振り子運動のベースが身についていていません。

ボディモーションよりももっと大事なことがある

アマチュアゴルファーの大半はクラブの扱い方や振り子運動をほとんど考えず、軸も考慮しないで一生懸命体を回そうとします。

ボディモーション（体の動き）を追求したり、スイングの形にこだわったりするのは決して悪いことではありません。

でも、それ以上に大事な要素があることを忘れないでください。

目に見えない部分、それは「グリップ内」です。

グリップを握っている両手の形ももちろん大切ですが、グリップ支点の振り子の稼働によって、グリッププレッシャーが絶えず変化します。

こうした「グリップ内の圧力変化」を感知することが、上手な道具の使い方につながるのです。

最近のＵＳＰＧＡツアーは完全にパワーゴルフの時代となり、プレーヤーたちのボディモーションへの意識がこれまで以上に高まっています。

それだけにほとんどのゴルファーは超一流プレーヤーたちのボディモーションに興味を持ちますが、彼らは2つの振り子運動をバランスよく連動させる技術を備えているからこそ、あれだけ正確に遠くに飛ばせるのです。

まずはアマチュアゴルファーたちが目につきにくい箇所である「グリップ支点の振り子運動」と「グリップ内の圧力変化」について順次解説していきます。

スイングはきれいなのにどうして結果につながらない？

スイングを見ているとすごくきれいだし、とても安定しているといった印象がする。

とても100なんて叩くとは思えないのに、聞くといつも100オーバーという返事がくる。

そんなゴルファーがとても多いのです。

今は動画などでスイングのチェックが簡単にできますから、形にこだわってきれいなスイングを作るのが昔よりも可能となりました。

今のトレンドのスイングを真似したり、タイガー・ウッズのスイングを参考にしたりして、皆さんも結構いいスイングを作り上げていると思います。

しかし見た目にはいいスイングでも、結果が伴わないのであれば、本当にいいスイングとはいえません。

スイングがどんなにきれいでもスコアに表われない。頑張っていてもゴルフがなかなか上手くならない。

だとしたら、スイングに対する着眼点を間違えている証拠ですし、スイングを改善すべきです。

前述しましたように、「グリップ支点の振り子」に目を向けてみてください。

グリップはベアリングのようなものです。腕とクラブの連結部というわけです。

さらにスイング中には、グリップの中の圧力が変化します。

グリップを握っている両手のひらにかかる圧力が微妙に変わるのです。

結果を出せるスイングを覚えるには「グリップ」に着目しよう

「グリップ内の圧力変化」については第2章で詳しく説明します。

言葉を聞くとマニアックすぎると思うかもしれませんが、実際はスイングの形を整えるよりも、ずっと大切な要素が詰まっているのです。

多くのアマチュアゴルファーにとって、実はそこが重要なキーポイントとなっています。

なんとか理論や○○打法というのは、大抵は体の動かし方に特化した理論であって、ボディモーションを主体と考えるスイング論です。

それは正解ですから、私としては別に反対などしません。

でも、それはかなり高度な話をしており、英語でいえばＡＢＣ…のアルファベットを通り越して、いきなり難しい英文法の学習を押しつけられているようなものです。

見た目にはきれいなスイングを作り上げている人たちは、そんな状態に陥っているのでいつまでたっても悩みが解消されませんし、ストレスを感じてしまうのです。

ＡＢＣのアルファベットの学習に当てはまる、「グリップ支点の振り子」や「グリップ内の圧力変化」から学習することが重要です。

運動神経のいい人より、道具を上手に扱える人が上達は早い

ゴルフはクラブを使って、狙ったターゲットに向かってボールを打つスポーツです。スポーツである以上は、運動センスのある人のほうが上達は早いといえるでしょう。ドライバーでボールを遠くまで運ぶには、筋力のある人が有利なのは当然です。

でもそれ以上に大事なのが、クラブの使い方を正しく理解することです。スポーツが苦手な人でもクラブ使いを覚えれば確実に上手くなれます。

どんなに筋力があっても運動神経に優れていても、クラブの使い方を知らなければ遠くに飛ばせるかもしれないけど、ボールがどこに飛んでいくかわかりませんし、スコアも作れないのです。

逆に筋力がなくても、運動神経がよくなくても道具を正しく使える人は、飛距離がそれほど出ないかもしれませんが、狙ったターゲットに正確に運べますし、スコアをまとめることもできます。

ゴルフスイングは、道具ありきです。最初にクラブの使い方を覚えて、それからボディモーションを覚えるのが筋道というものです。

ゴルフレッスン書の多くは、本題を飛び越して、いきなり難しい話から始めているよう

なものです。

目で見えないグリップの中に秘密があるために、どうしても目で見えるボディモーションの説明が中心となるのは止むを得ないことかもしれません。

小さい子供のうちからゴルフを始めた人がどんどん上手くなるのは、クラブの正しい使い方が本能的に身についているためです。

子供のうちは力がないから、クラブが重たく感じられます。

腕力もないため、その重さに支えられるようなクラブ支点の振り子を覚え、それからボディモーションが体に馴染んできます。

自分でクラブを振ろうとしているのではなくて、クラブが進みたがる方向にまかせて体を動かしているのです。

子供からゴルフを始めて、その後にプロゴルファーになっている人が多く誕生しているのも、早いうちからクラブが主の動きをマスターできているからです。

ゴルフスイングに「ゴルフ用」の動きなんてありません。

クラブにどう仕事をしてもらうかが重要なポイントです。

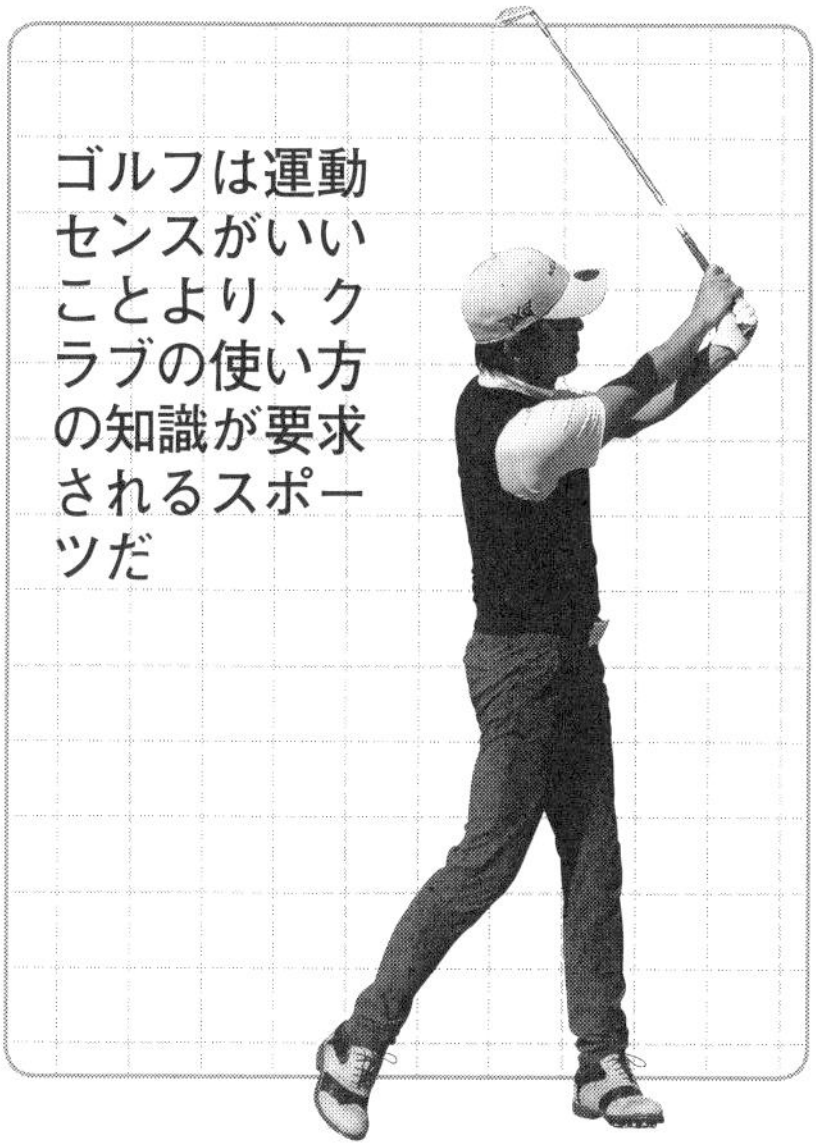
ゴルフは運動センスがいいことより、クラブの使い方の知識が要求されるスポーツだ

ゴルフクラブの「特異性」をもっと深く考えてみよう

ゴルフがどうして道具の使い方を正しく理解することが大事かというと、ゴルフクラブの構造に特異性があるからです。

野球のバットやテニスのラケットなどと異なり、グリップの部分の延長に重心がありません。

この形状はゴルフが誕生してから、ずっと変わっていません。

クラブヘッドやシャフトなどの素材が変わり、昔よりも性能が上がったという面はあってもクラブの基本形はそのままです。

ということは、クラブの正しい使い方も昔から何も変わっていないということになります。

ゴルフのクラブを見て、どうしてシャフトがあるのか？　どうしてグリップ部の延長に重心がないのか？　どうしてロフト角やライ角度があるのか？

簡単にまとめると、シャフトがあるのはクラブヘッドを走らせるためです。

ご存知のように、ドライバーのように遠くに飛ばしたいクラブほどシャフトは長くなります。

シャフトが長いのは、手元のスピードよりもクラブヘッドのスピードを上げるためです。

グリップ部の延長に重心がないのは、ここ

がクラブの使い方の肝となりますが、フェースターンによってエネルギーを増幅させるためです。

シャフトの長さと重心位置のバランスによって遠心力が発生し、ヘッドスピードがアップします。

クラブのロフト角はボールに高さを与え、バックスピンをかけやすくし、出球の高さと距離を揃えるためで、ライ角度は地面にあるボールをとらえやすくするための機能です。

ターゲットまでの距離に応じて使うクラブを選定できるように、クラブの番手ごとにロフト角が異なっています。

改めてクラブを眺めてみると、普段から何げなく使っているクラブが、実に巧妙に、かつ精巧に造られていることがわかるでしょう。

また、ゴルフスイングには多くの物理的な法則が存在します。

それがゴルフの難しさでもあり、奥深さでもあるのです。

ゴルフクラブと対話する気持ちになって、上手な使いこなし方を覚えましょう。

ゴルフクラブの性質を理解することが、本当のスイング作りにつながる

長尺パターのアンカリングが禁止になったのはどうしてか？

数年前まではプロトーナメントで、長尺パターを使ってプレーする選手が割合多く見られました。

グリップエンドの近くを左手で持って胸の中心あたりで固定し、右手をシャフトに添えてストロークするというスタイルです。

振り子の概念を変えた画期的なスタイルで、これを「アンカリング」と呼んでいましたが、すぐに使用禁止になってしまったのは記憶に新しいでしょう。

シャフトが極端に長いパターを胸の前で固定するなど体に密着させなければ使用可能ですが、アンカリングがどうして禁止になったのだと思いますか？

長尺パターは皆さんもイメージしやすいとおりの「振り子」です。

この大きな振り子の支点を胸の前で完全固定してしまえば、パットが驚異的なほど簡単になってしまうのが禁止となった理由です。

ドライバーやアイアンなどのショットではボディモーションの振り子と、グリップ支点の振り子が介入します。

この2つの振り子が連動するわけですが、パッティングの場合はスピードがゆっくりなので、ボディモーションの振り子とグリップ支点の振り子の差をほとんど感じません。

　でも、普通のパターを両手で握っている以上は、本来はグリップ支点の振り子が存在するはずです。

　ところが長尺パターはボディモーションとグリップ支点の2つの振り子の機能を排除し、より機械的で、ひとつの振り子でのシンプルなストロークを実現してくれたのです。

　再現性や反復性にとても高い性能を発揮し、パターで悩んでいた人にとってはシンプルなパッティングを可能にしました。

　それでは不公平ということで、使用禁止になったのも止むを得ないでしょう。

　パッティングの話が出たついで申し上げますが、パッティング巧者と呼ばれるプレーヤーほどグリップ支点の振り子のイメージを大切にしています。

　手首をしっかりと固定してストロークしているように見えても、実際は手首を使ってパターヘッドを加速させているのです。

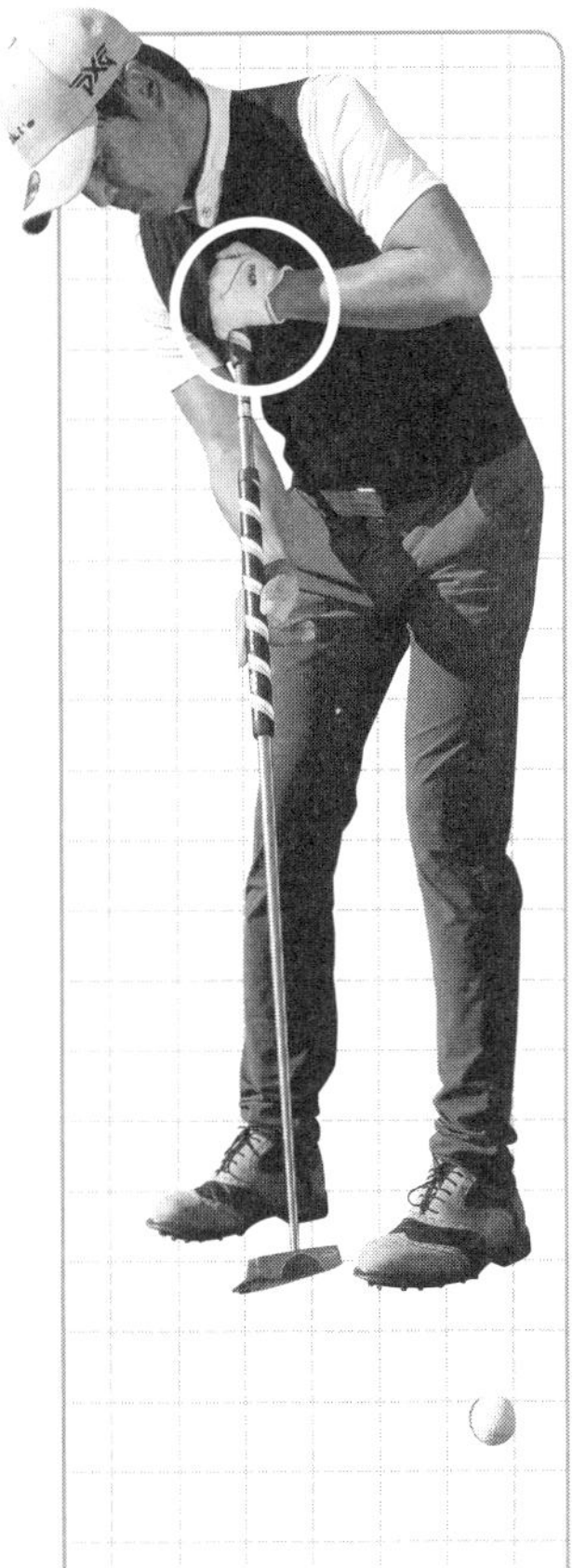

長尺パターのストロークは、振り子運動のヒントとなる。アンカリングが禁止になったのは、支点固定の振り子を完璧なほど形成できたからだ

まずは自分でクラブをコントロールする意識を捨てよう

ゴルフがなかなか上手くならず、スコアアップできないでいると、「自分はゴルフのセンスがない」とか「運動神経が悪い」などと自分を責めてしまいがちです。

でも、そうではないのです。

私はアマチュアゴルファーの方々によく話をするのですが、ゴルフは本当に下手な人は一人もいません。

ゴルフが下手なのではなく、スイング作りの入り口を根本から間違えているからです。

スイングに対する誤解も、もちろんあるでしょう。

中でも大半のゴルファーの勘違いは、自分で意図的に体を動かしてボールに当てようとすることに尽きます。

「道具を上手に使いこなそう」という意識は、そこにはありません。

テークバックではクラブをこの方向に上げよう、トップではこんな形を作ろう、ダウンスイングはこの角度からクラブを振り下ろそう、などと体の動きばかりに神経がいってしまいます。

つまり、自分が主で、クラブが従の関係になっているわけです。

それはクラブという道具の使い方を知らずに抑圧しているようなものです。

クラブがこの方向に進みたがっているのにそれを阻止してしまうような動きをしては、ボールにちゃんと当たらなくなって当然のことでしょう。

その典型が「アーリーリリース」です。インパクトでフェース面をボールに合わせようとして手首をこねるような格好です。

多くのゴルファーはきちんと当てようと思うとグリップをしっかり握り、手首を固定してフェース面をどこまでも真っ直ぐ動かそうとしがちです。

そのほうがフェース面を長くスクエアにキ

クラブが進みたがる方向にまかせれば、正しいスイングが自然に身につくことを理解しよう

ープしやすくなって、ボールを真っ直ぐ飛ばせると思い込むわけですが、これもひとつの勘違いなのです。

道具を使うという意識が欠如しているとクラブの機能を活かせませんし、物理的なスイングメカニズムも誤解したままでいると理想的な円弧を描くことがなかなかできません。

こうした勘違いがグリップ支点の振り子と、ボディモーションの連動を阻害し、スイングを壊してしまうのです。

自分とクラブの主従関係を間違えてはいけない

ボールに合わせようとする動きを「アジャスト」といいますが、スイングにアジャストの動きは百害あって一利なしです。


小さな子供たちがスイング論を特に学ばなくてもどんどん上手くなるのは、クラブの重さを上手に利用しているためです。

重く感じられるから、クラブが進みたがる方向に体を委ねることができます。

頭で考えなくても、クラブの特性を本能的に学習し、覚えるのです。

大人になってからゴルフを始めた人はスイング論の知識から学ぼうとします。そこが、落とし穴です。

自分では思っていなくても、自分でクラブをコントロールしてやろうと意地になってしまいがちです。

あくまでもクラブが主で、自分は脇役になったつもりでクラブに気持ちよく仕事してもらいましょう。

第1章

ゴルフスイングの「振り子」のメカニズム

ゴルフスイングには2つの「支点」がある

ゴルフスイングを一口でいうと「振り子運動」です。

私がアマチュアゴルファーの方々に説明するときは、32～33ページのような絵を簡潔に描いて、2つの振り子があることを理解して頂くようにしています。

ひとつはグリップに対してクラブが運動する振り子です。これが序章でも説明しました「グリップ支点の振り子」です。

そして、もうひとつは体に対しての振り子です。こちらはちょっと複雑になるのでアバウトに考えてもらいたいのですが、脊柱上部、つまり首の付け根の下部を支点にして胸郭《きょうかく》を回転させる振り子運動と考えてください。

スイングを器械的にイメージするとしたら、クラブが構えた姿勢からグリップを支点にクラブがブランブランと動いていて、脊柱上部あたりを支点に体を回転する2つの振り子運動が連動してゴルフのスイングが成り立っているのです。

それでは、「二重振り子ではないか?」と思うでしょう。

2つの振り子の連動であることは確かですが、私は二重振り子の認識は持たないほうがベターだと思っています。

グリップ支点の振り子が重要ですから、私

はこれを「第一振り子」、脊柱上部付近の振り子を「第二振り子」という表現をしています。

ゴルフのスイングとは本当は筋力とかを介入させないで軸を作れば、クラブの遠心力にまかせるだけでクラブの円弧を発生させることできるのです。

クラブの自由度を高めてあげて、きれいな円弧を描くようにスイングするなら、この2つの振り子がベースとなるということを最初に理解してください。

多くのスイング論は脊柱上部支点の振り子運動である「ボディモーション」が主となっているかのような説明がなされていますが、まずは第一振り子の動きをマスターしましょう。

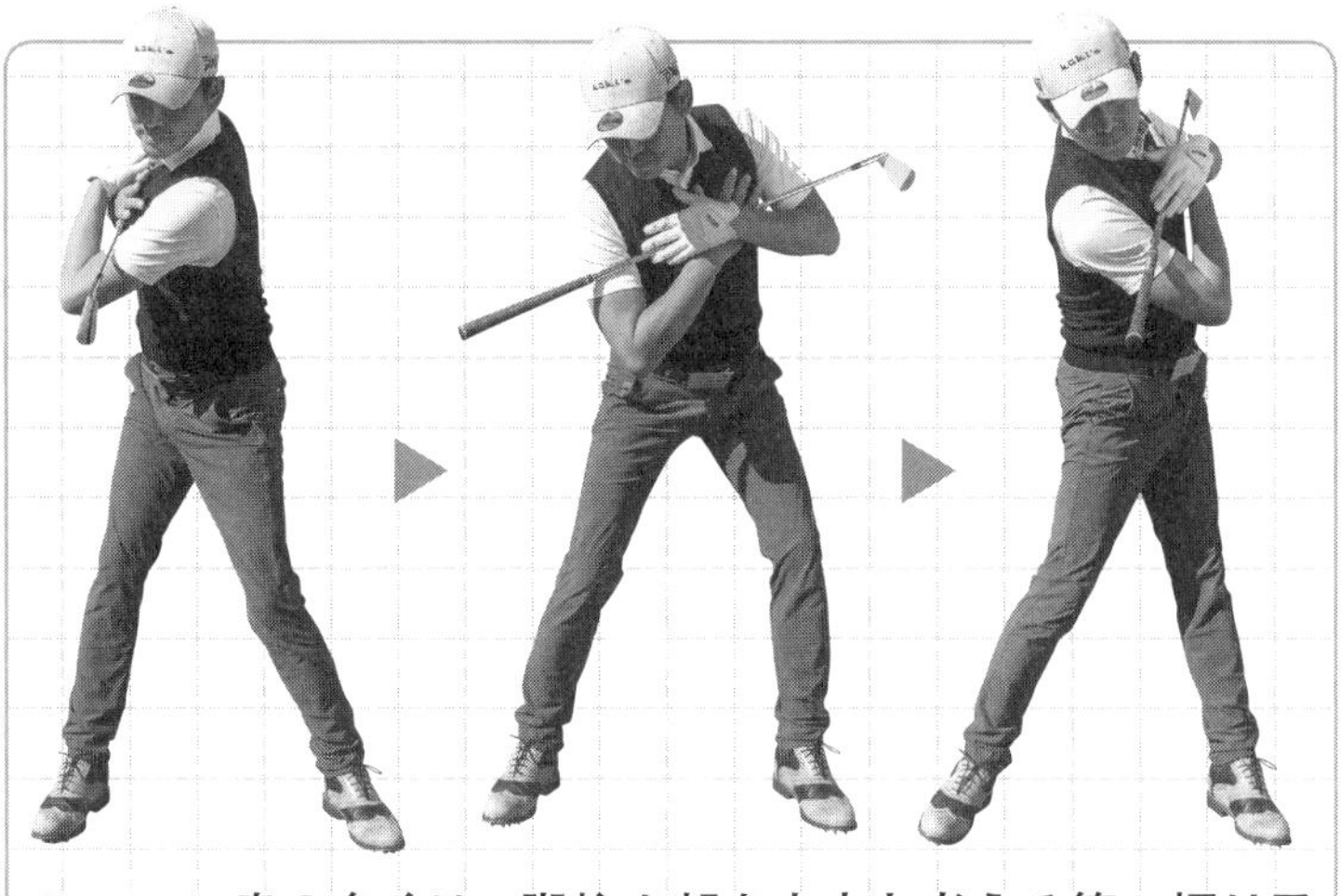

レッスン書の多くは、脊柱上部を支点と考える第二振り子の運動を説明している

スイングには２つの振り子がある

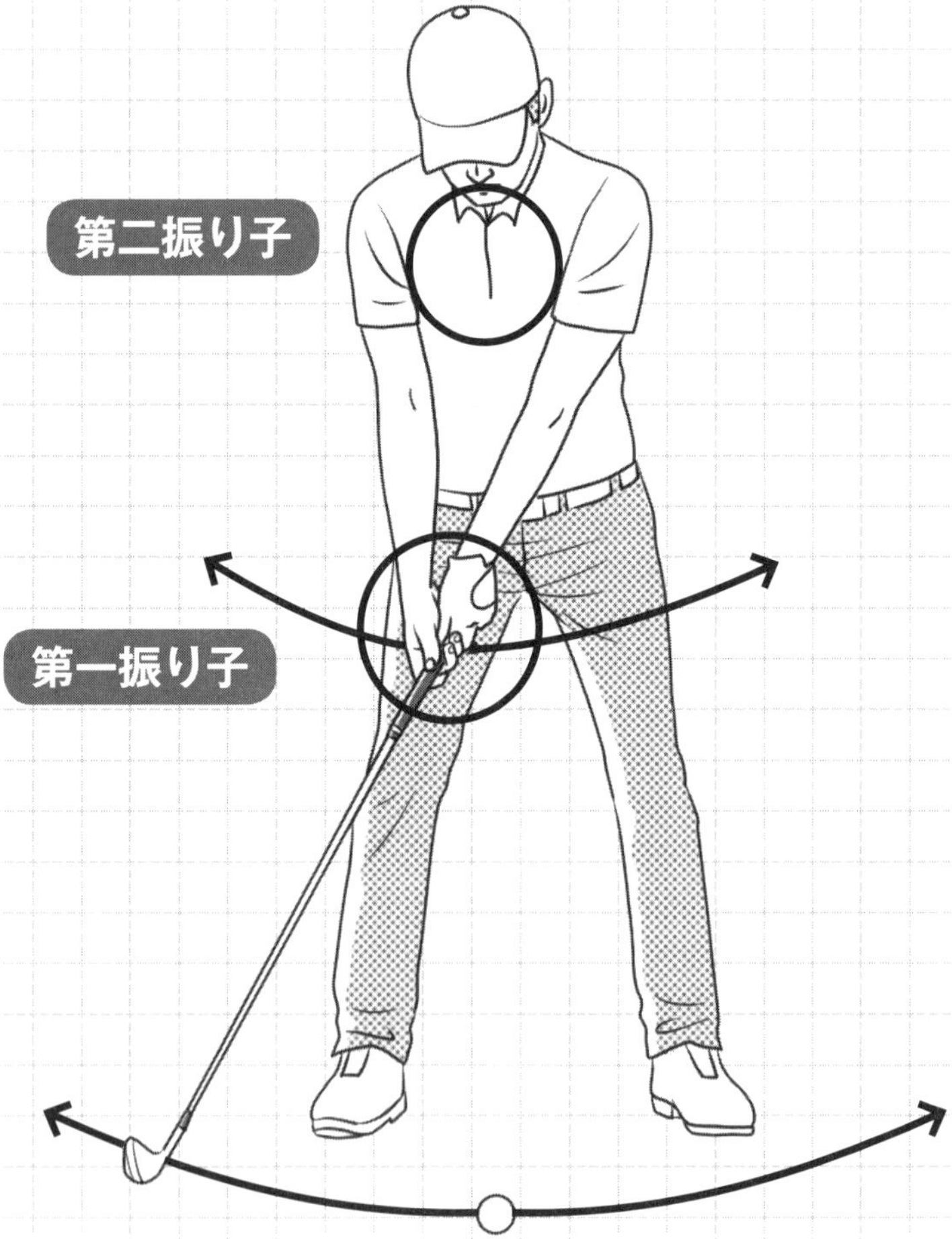

グリップ支点の振り子と、脊柱上部あたりが支点となる２つの振り子の連動でスイングが成り立っている

グリップ支点を「第一振り子」と考えよう

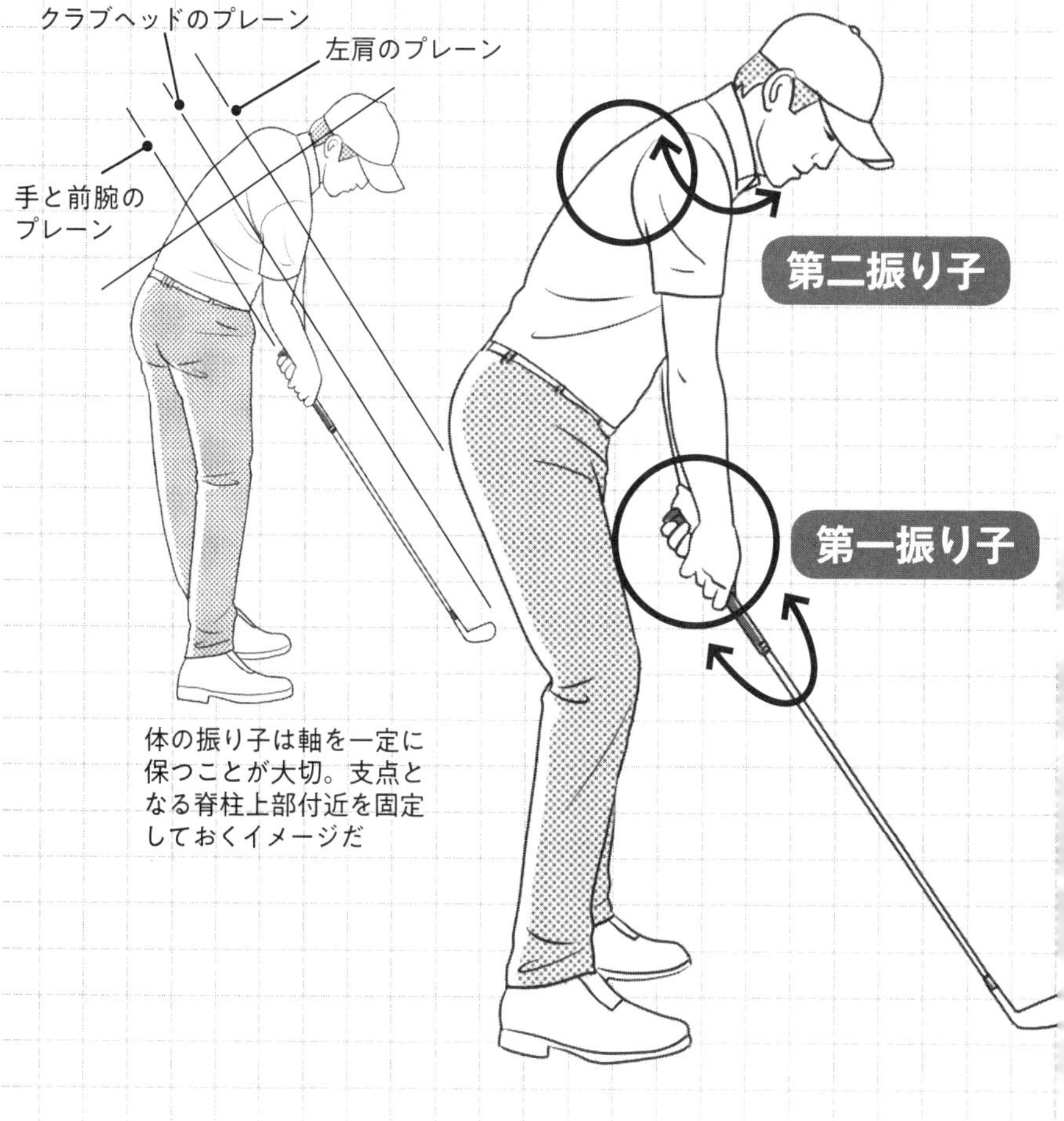

体の振り子は軸を一定に保つことが大切。支点となる脊柱上部付近を固定しておくイメージだ

2つの振り子で優位に立つのはグリップ支点の振り子運動だ。脊柱上部支点は「第二振り子」ととらえよう

最初に「グリップ支点」の動きを理解することが大事

グリップが支点となる第一振り子の運動を簡単に説明すると、クラブを指先でつまんでぶら下げてクラブヘッドを大時計の振り子のように左右にブランブランと動かす動きになります。真正面から見ると、クラブがこのように円運動をしているわけです。

クラブヘッドの重さにまかせて自由に動かしてあげれば、きれいな円軌道を描きますし、直線的に動いてスイングプレーンが安定するのです。

さらに細かくいえば、クラブが振り子運動する中で「加速」と「減速」が生じます。

加速と減速によって支点の中で、実際のスイングでいえばグリップ内で圧力の変化が発生するのです。

目には見えない部分ですが、この圧力変化を理解することがとても重要です。

圧力変化については第2章で解説するとして、ここではゴルフスイングはグリップ支点の振り子運動によって、クラブが進みたがる方向に委ねてあげることの大切さを理解してください。

ところが残念ながら、多くのアマチュアゴルファーはグリップ支点の振り子運動ができていません。

振り子のイメージを浮かべることはできて

いても、クラブの自由度を奪ってばかりいて第一振り子が機能していないのです。

どうしてそうなるかというと、グリップをしっかり握り、手首も固めてクラブを固定した状態でスイングしようとするからです。

わかりやすくいうと、グリップが支点の役目を果たさないため、クラブヘッドできれいな円軌道を描くような振り子運動ができないのです。

グリップ支点の振り子運動は再現性が高い

ジャック・ニクラスやタイガー・ウッズらレジェンドの人たちのスイングも、ボディモーションについて多く語られています。

その一方で、グリップ支点の動きはほとんど目に触れられていない状態です。

脊柱上部の支点も大事ですが、まずグリップ支点ありきです。

特にアマチュアゴルファーは手元をベースとしたグリップ支点を意識し、第一振り子を正しく理解することからスタートすべきだと私は思います。

これをマスターしてから、次のステップとしてボディモーションの第二振り子の動きに進めばいいのです。

注意して頂きたいのは、グリップ支点の振り子運動を「手打ち」と考えないこと。

基本は2つの振り子の連動であって、再現性の高い振り子運動を継続できるのがいいスイングの条件です。

その主導権を握っているのが、グリップ支点の振り子なのです。

きれいな円軌道を描く振り子のイメージ

◎

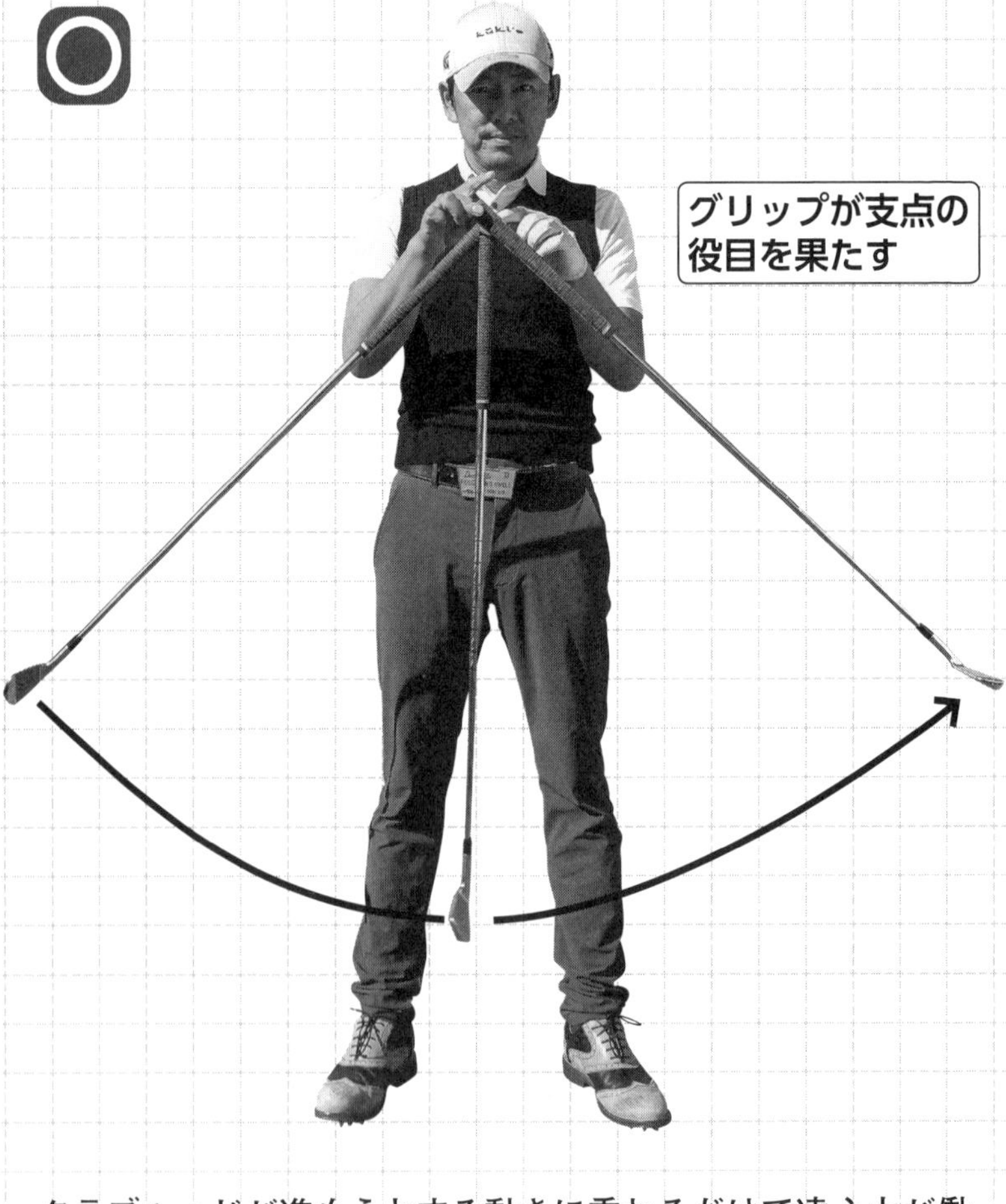

クラブヘッドが進もうとする動きに委ねるだけで遠心力が働き、一定に動き続ける

グリップを固めると振り子運動ができない

多くのゴルファーは両手や手首を固めてスイングしようとするため、支点がなくなっている

グリップ支点はスピードを生むための「加速装置」だ

クラブの動きを遊園地のアトラクションのバイキングにたとえて考えてみましょう。

海賊船が大きな振り子のようにギーコギーコと揺れる乗り物です。

振り子運動の原則としては、船が下降するダウンスイングの部分で加速します。

最下点でフルスピードとなり、最下点を通過して上昇に向かうときは船が減速します。

「そのくらい単純なことはわかります」と皆さんのそんな声が聞こえてきそうです。

ですが、そんな単純なことがゴルフスイングではできていない人がとても多いのです。

プロやシングルゴルファーたちは、バイキングの船が下降するときのように、ダウンスイングでクラブヘッドが加速に向かう途中でボールをとらえています。

ところが大半のゴルファーは、船が上昇するときのように、クラブヘッドが減速に向かうところでインパクトを迎えてしまっているのです。

体の振り子には「第一振り子」と「第二振り子」の2つがあることは前に述べましたが、第一振り子に関しては腕力のない小さいときからゴルフを始めた人たちは当たり前のようにできています。感覚的に覚えたというところが大きいのですが、第二振り子の使い方をレッスンしてあげるだけでスイングがほぼ完成します。

一方、大人からゴルフを始めた人たちは、グリップ支点の振り子を度外視して、第二振り子を先にマスターしようとします。

それだけでなく、グリップ支点の第一振り子を固めたがります。結果として2つの支点を壊す動作をしてしまうことにもなります。

ですからスイングがなかなか固まらず、リズムも生まれないのです。

パワー効率を上げるのがグリップ支点の最大のメリット

グリップ支点は、スピードを生むための加速装置としての役割を負っています。

両手を強く握って手首を固めてしまうと、クラブヘッドは振り子運動ができず、加速がつかなくなります。

では、両手をゆるゆるに握って、手首をほどくように打つのがいいのかというと、それもちょっと危険です。

「ほどく」という言葉は確かにありますが、その意識はアーリーリリースのミスにつながりやすいからです。

手首をほどくのは、自分で何かをやろうとする動きです。

そうではなくて第一振り子の原則としては、自分は何もしないでクラブが進みたがる方向にまかせておくだけでいいのです。

飛ばすことにおいてはなるべく速く、大きな円弧を描くことが求められます。

そのための加速装置であり、「クラブに仕事をさせる」とは、そういうことです。

加速するところでインパクトを迎える

クラブヘッドが下降し、スピードがマックスになるところでボールをとらえればパワーが効率よく伝わる

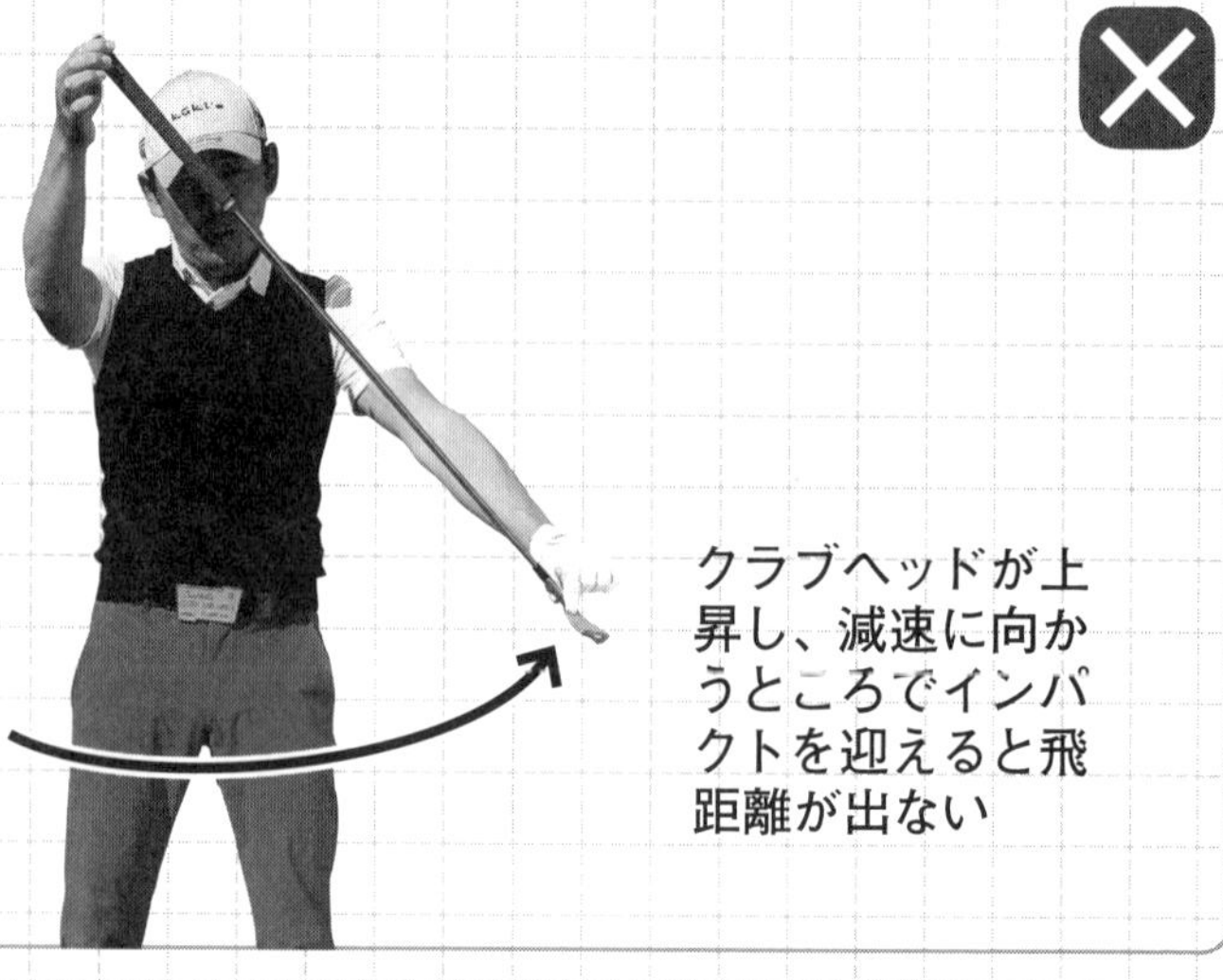

クラブヘッドが上昇し、減速に向かうところでインパクトを迎えると飛距離が出ない

遊園地のバイキングをイメージしよう

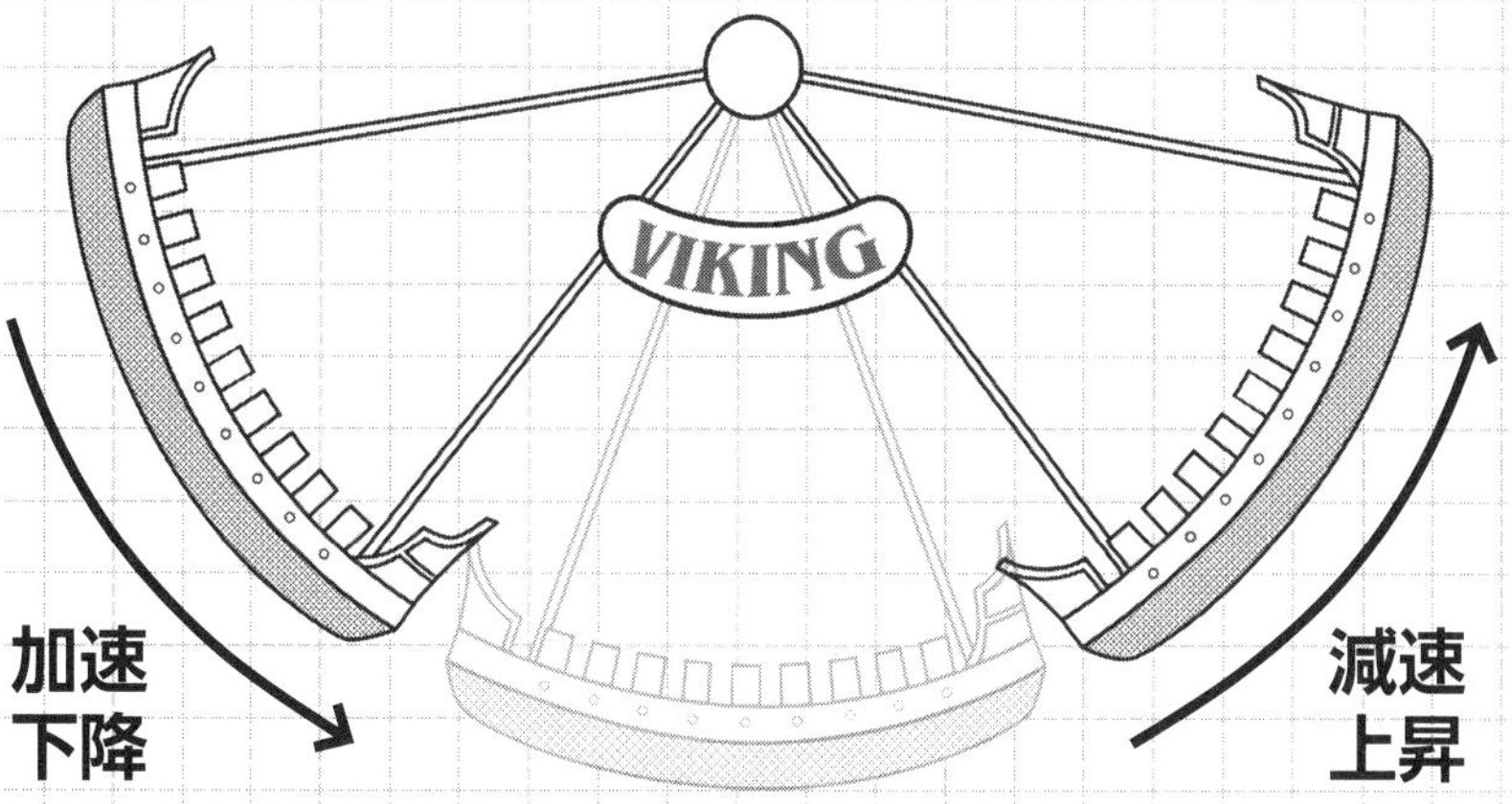

船が下降する＝加速、上昇する＝減速。これをゴルフスイングに当てはめて考えると、効率のいいスイングがわかる

歳をとってからでもグリップ支点を意識すれば上手くなれる

歳をとって体が硬くなってきた。柔軟性がなくなって、肩が思うように回らない。

そんな悩みをかかえている人にはグリップ支点の振り子が心強い味方になってくれます。

レッスン書でよく紹介されているような体の回転スピードを上げる練習や体の稼働域を広げる練習もとても大事ですが、ボディモーションを意識したところで体そのものがあまり動かない人にとっては限度があります。

50歳や60歳を過ぎて体が硬くなってきた人ほど、ボディモーションを主とした第二振り子のスピードを上げるのはきついですし、練習を積んでも効果は薄い場合が多いです。

そのようなことからまずはグリップ支点を意識した第一振り子のスイング練習に取り組んでください。

グリップ支点の振り子運動によって、クラブヘッドの遠心力をフル活用するコツを覚えれば、ヘッドスピードを上げることも、飛距離を伸ばすこともできます。

体の回転力が少なくても第一振り子がしっかりと稼働すれば、ドローボールだって打てます。

自分が飛ばそう、ドローを打とうなどと思わなくても、クラブがちゃんと仕事をしてくれたら自分の願いが叶うのです。

グリップ支点なら体が回らなくてもOK

体が硬くなったときこそ第一振り子を意識しよう

肩が思うように回らないと感じている人でも、グリップ支点の振り子運動を意識すればヘッドスピードを上げることが十分に可能だ

グリップ支点を左に移動してインパクトするのがスイングの極意

スイング中にグリップ支点を動かさないままでいいのかといったら、それでは円弧が小さくなりすぎてしまいます。

前にクラブを手でぶら下げて大時計の振り子のようにクラブを左右にブランブランと動かしてみたり、遊園地のバイキングをイメージして頂いたりしたのは、「下降＝加速」と「上昇＝減速」のメカニズムを頭にしっかりとインプットし、さらにパワー効率を上げるにはどのタイミングでボールをとらえるのがベストかを理解して頂くためです。

さて、ここからがグリップ支点の振り子運動の本題となります。

実際のスイングでは第二振り子もしっかり稼働します。スイングは体と腕が連動しますから、ボディモーションによってグリップ支点も動くのです。

トップからダウンスイング、インパクトにかけてグリップ支点が目標寄りに移動します。するとクラブが下降するときに、ヘッド側が遅れる形となり、タメが自然に作られます。

そのことはクラブを片手でぶら下げて、手の位置を自分から見て左側にずらしてみるとよくわかります。

でも、グリップ支点の振り子運動の動き自体は、グリップを止めたままの動きと何も変わっていません。

加速中にボールをとらえるために グリップ支点を目標側にずらす

バイキングの船でも説明しましたが、一流選手たちはクラブヘッドが下降し、加速しているときにボールをとらえています。

スイング軌道の最下点でボールをとらえるのも間違いではありませんが、最下点の手前のマックススピードでインパクトを迎えるのはもっともパワー効率がいいということです。

そのためにグリップ支点を目標側にずらして、クラブヘッドが下降中にインパクトを迎えられるようにしているのです。

グリップ支点を固定しようとする人は支点の移動がなく、クラブヘッドを加速させながらボールをヒットすることができません。

また、インパクトでボールに合わせようとするとグリップ支点が目標と反対側に右にずれやすくなります。

そうなるとクラブヘッドが上昇し、減速するときにインパクトを迎えることになり、パワーが全然伝わりません。

手首をほどきながら打とうとしても、同じような形となりやすいのです。

アマチュアゴルファーに多く見られる、しゃくり打ちがこれです。

第二振り子によってグリップ支点が目標側に移動し、クラブヘッドが加速中にインパクトを迎える。

このポイントがグリップ支点の振り子運動の肝です。

グリップ支点は左に移動するのが正解

クラブを持つ手を目標側にずらしてみよう

グリップが左に移動すればタメが自然に生じ、クラブヘッドが加速しながら下降する。実際のスイングはそんなイメージ

振り子の支点は止まったままではない

✕

多くのゴルファーはグリップ支点が目標と反対側にずれるような動きになっている

ハンドファーストとハンドレートの違いとは？

ボディモーションによる第二振り子とグリップ支点の第一振り子の連動によって、インパクトでは両手がアドレスのポジションよりも目標側に移動します。これが皆さんもよくご存知のハンドファーストのインパクトです。

その真逆がハンドレートインパクトです。ボールに合わせようとして下半身が止まり、体重が右足に残った状態で手首を固めようとすると、ハンドレートの形になりやすい点に注意しましょう。

第二振り子によって胸郭が回旋することも、ハンドファーストインパクトを作るための条件です。

ただし、ハンドファーストインパクトを筋力や腕力にまかせて作ろうとしないこと。意図的にハンドファーストの形を作ろうとすると手だけを先に行かせようとして、腰が早く引けすぎたり、フェイスが開いてシャンクの要因になったりします。

クラブが進みたがる方向に反して、自分で無理やりクラブをコントロールしようとすると、正しい振り子運動を実行できません。

ハンドファーストのインパクトは2つの振り子の連動で自然に作られるものです。

つまり、クラブが正しく仕事をしてくれた結果なのです。

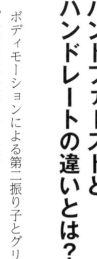

支点を目標側に移動してインパクト

ハンドレートのインパクトになるのは体重が右足に残り、グリップ支点が目標の反対側にずれるのが原因

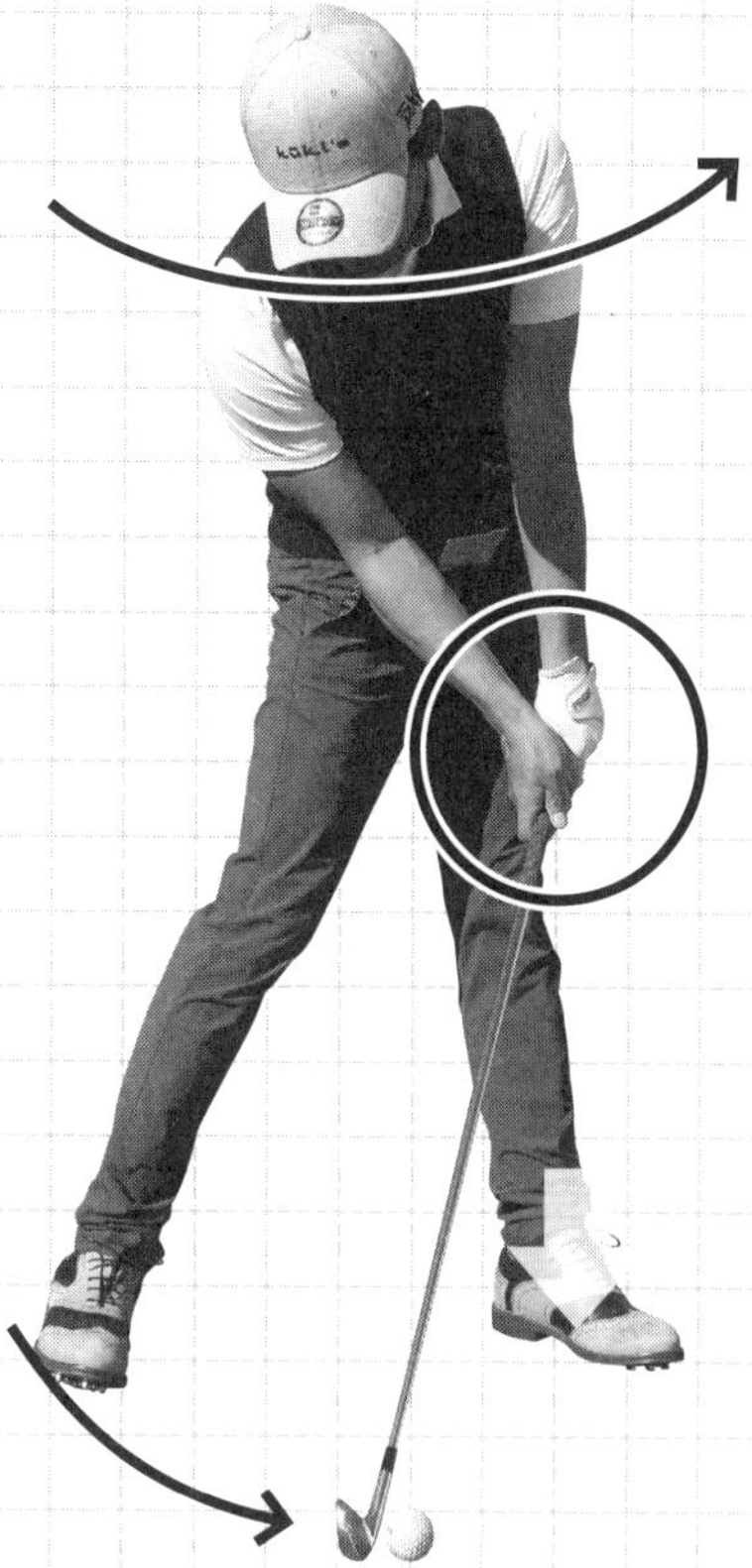

ボディモーションによって胸郭が回旋し、体重が左足に乗ればグリップ支点が目標側に移動し、ハンドファーストインパクトが作られる

グリップスピードとヘッドスピードの違いを考える

グリップとクラブヘッドのスピードの違いを正しく理解することも、グリップ支点の振り子運動をマスターする上でとても重要です。ゴルフスイングの核心がここにあると断言してもいいくらいです。

まず陸上競技のトラックをイメージしてください。このトラックの面を真っ直ぐ立てたとして、ダウンスイングからインパクト、フォロースルーにかけてのグリップとクラブヘッドのスピードの差を考えてみましょう。

グリップのスピードと、クラブヘッドのスピードのどっちが速いかといったら、断然クラブヘッドです。

そこでクラブヘッドをウサイン・ボルト選手、一方のグリップを足がちょっと速い小学生にたとえたとしましょう。

ダウンスイングでクラブは下降するとき、グリップは目標側に移動します。

しかしボルト役のクラブヘッドが相当速いから、グリップがインパクト前にクラブヘッドに簡単に抜かれてしまいます。

それがフリップであり、アーリーリリースというわけです。

ところがプロやシングルゴルファーはグリップとクラブヘッドが一緒にゴールインしているか、グリップが先にゴールしています。

ハンドスピードよりもヘッドスピードのほうが比較にならないほど速いのに、インパクト前にグリップがクラブヘッドに抜かれる人なんて誰もいません。

なぜならグリップとクラブヘッドが同じ場所からスタートしていないためです。

クラブヘッドとグリップではダウンスイングのスタートが違う

ボルトのスタート地点が小学生よりもかなり後方で、大きなハンディを背負っているから ゴールまで小学生が抜かれなくてすみ、抜かれるのはインパクトの後になるのです。

タイガー・ウッズのスイングを見てもインパクトまでグリップが必ずリードしていて、絶対にフリップすることなんてありません。

フリップするとしたら、フォロースルーで両手が左腰のあたりまできたところです。

ところがダウンスイングでグリップとクラブヘッドが同じ場所からスタートすると、タイガーといえどもグリップが簡単に抜かれてしまいます。

要はグリップとクラブヘッドでは歴然としたスピードの差があって、スタートする場所が違うということを正しく理解して頂きたいと思います。

クラブヘッド役のボルトのスタート地点を後方へおくる。それが「レートヒット」の真相です。

グリップ支点の第一振り子が上手に使えている人はコッキングによってきちんとレートヒットができ、ボールをタイミングよくとらえられます。

「それでは振り遅れにならないのか?」という疑問も出るかもしれません。

第一振り子が発生せずにグリップを押さえてしまうと、フェースが開いたままインパクトを迎えやすくなりますが、これがミスショットを誘発させる振り遅れです。

そもそも多くのアマチュアゴルファーには、円弧を描くイメージが欠落しています。

きれいな円軌道を描く意識を持ってスイングすれば、ボルトと小学生のスタートの場所が最初から違っていて、ハンディのない小学生が先にゴールインするイメージが簡単につかめるはずです。

ほとんどのゴルファーは、グリップがクラブヘッドに簡単に追い抜かれるようなスイングになっている

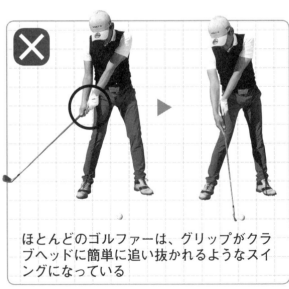

グリップが先にゴールインするイメージ

クラブヘッドはボルト、グリップは小学生とイメージ

ダウンスイングのスタートはボルトがハンディを背負っているため、必ずクラブヘッドがグリップよりも遅れてゴールする。プロたちは誰もそんな時間差でインパクトを迎えている

グリップとクラブヘッドのスタート地点が一緒ではアーリーリリースとなる。上手い人たちはクラブヘッドをかなり後方からスタートさせている

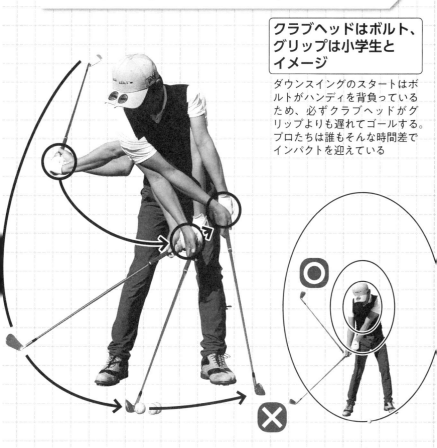

コッキングはクラブヘッドにハンディをつけるためのもの

多くのアマチュアゴルファーが、グリップがクラブヘッドに簡単に追い抜かれるようなスイングになる理由を明かしましょう。

要は間違った意味での手打ちになっているのですが、ボールに当てる練習をするときにボールに合わせようとすると、少し練習しただけでとりあえず当たるようになりますよね。

それはグリップや手首を固めて、クラブヘッドの重心がずれないように振るからです。

フェースを真っ直ぐ動かすことで当たる回数が増えて上手くなったような気分に浸れるかもしれませんが、グリップを押さえているうちは実際にはグリップ支点の振り子運動ができていないのです。

どういうことかといいますと、シャフトがないクラブでボールに当てるようなものなのです。

その証拠に当たってもボールが飛びませんし、ダフリなどのミスも多く出るはずです。

繰り返し申し上げますが、グリップが先にゴールインするからハンドファーストに打てるのです。

上手くない人やミスがよく出る人は、クラブヘッドが先にゴールインしてスピードが緩むときにボールをとらえてしまっています。

ダウンスイングでクラブヘッドが加速してグリップに早く追いつこうとするのがリリースで、インパクト前にクラブヘッドが先にゴールしてしまうのがアーリーリリースです。

簡単にいうと、グリップとクラブヘッドを一緒に動かそうとしてはダメなのです。

ノーコックのイメージのダウンスイングはＮＧ

そこで何が必要となるかというと「コッキング」です。

バックスイングで手首を屈曲させる動作ですが、これがクラブヘッドにハンディをつけることを意味します。

プロの中にはノーコックでバックスイングする人もいますが、ノーコックのままで振り下ろす人はいません。

ダウンスイングで深いコッキングを入れて、グリップよりもクラブヘッドのスタート地点をかなり後方まで下げているのです。

ボールを曲げたくない心理でノーコックで上げて、ノーコックで振り下ろそうとするゴルファーも案外多くいますが、それはナンセンスです。

グリップがクラブヘッドに瞬間的に抜かれるのですから当たらなくて当然ですし、パワーロスにも直結します。

何か難しい話をしているように思うかもしれませんが、よく考えてみれば単純なこと。

こうした勘違いを重ねてゴルフを続けているとスイングがなかなかよくなりませんし、スコアにもつながらないのです。

コッキングでスタート地点に差をつける

グリップを先に
ゴールさせるために
コッキングを使う

コッキングを使ってバックスイングすれば、クラブヘッドにハンディをつけることができ、グリップが最後まで抜かれなくてすむ

ノーコックで振り下ろすプロはいない

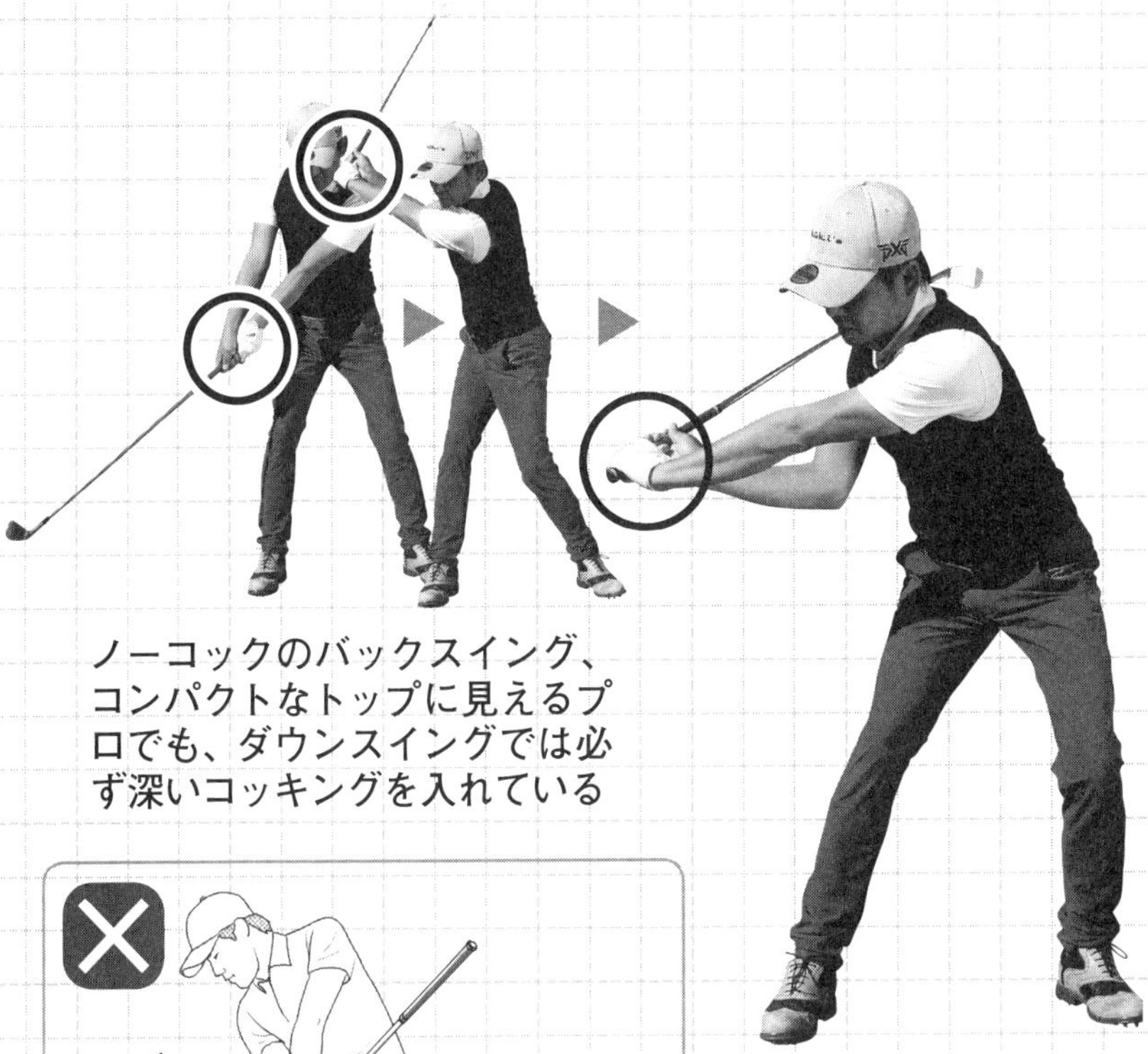

ノーコックのバックスイング、コンパクトなトップに見えるプロでも、ダウンスイングでは必ず深いコッキングを入れている

グリップを押さえるのは、クラブのネックの近くを握ってスイングしているようなものだ

「どうしてシャフトが長いのか」などクラブの機能について考えよう

グリップとクラブヘッドにハンディをつけていない人は、プロや上級者にはいません。

だからといってグリップを先にゴールインさせて、ハンドファーストにボールをとらえるために何か特殊な訓練や練習を積んでいるわけでもありません。

要は、シャフトの機能とかクラブの持つ特性を活かすことが重要なのです。

シャフトが極端に短いクラブならフェースの芯に当てやすいけれど、飛距離がまったく出ません。

たとえれば、40ヤードのパー4といった環境でしかゴルフができないわけです。

ゴルフは飛距離を必要としますから、ヘッドスピードが絶対に必要です。

クラブのシャフトが長いのは、手よりもクラブヘッドのほうが何倍もスピードを上げてくれるからです。

ひと昔前に流行った長尺ドライバーなどは、フェースの芯に当てるのは難しいけれども、やはりシャフトが長いほうが飛ぶことを実証してくれました。

ところが多くのゴルファーは振り子運動の原理を正しく理解できていないため、グリップとクラブヘッドのスピードを合わせるようなスイングをしてしまっているのです。

シャフトが長いのはヘッドを加速させるため

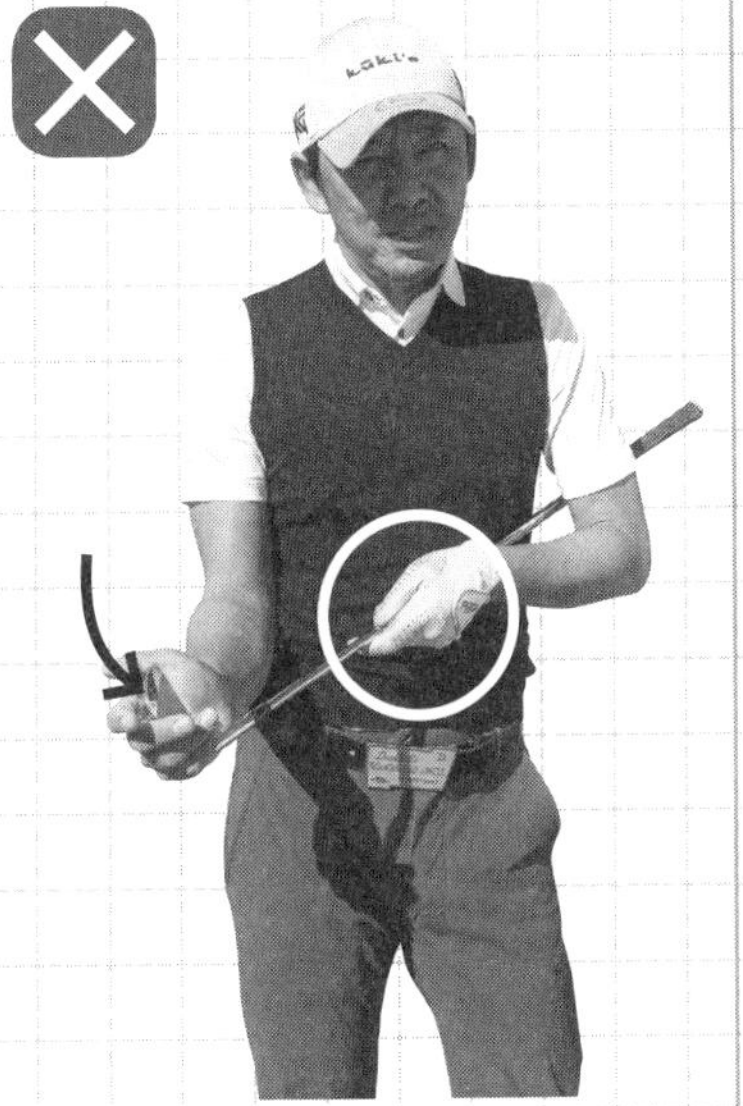

シャフトの機能を活かせていないのは、シャフトが極端に短いクラブでゴルフをしているようなものだ

ゴルフのクラブは番手ごとにシャフトの長さが異なるが、振り子の原理でスイングし、シャフトを活用することが大切だ

ドライバーもアイアンも振り子イメージの違いなんてない

アイアンショットでは「ボールをダウンブローに打て」とよくいいます。

グリップ支点の振り子運動の原理でいえば、スイング軌道の最下点がボールのすぐ先となり、クラブヘッドが加速中にインパクトを迎えることになります。

その一方で、「ドライバーはアッパーブローに打つ」ともいいますよね。

アッパーブローはクラブヘッドがスイング軌道の最下点を通過した後にインパクトを迎えることであり、遊園地のバイキングというう乗り物でいえば減速しながら上昇していくような動きです。それでも打てないわけではありませんが、意図的にアッパーブローに打とうとするのはNGです。

結論から申し上げますと、振り子の原理はアイアンもドライバーも一緒なのです。

手にするクラブによってボールのポジションが変わるとはいえ、クラブヘッドがグリップを追い越してしまうようなスイングではいけません。

アイアンもドライバーもハンドファーストにインパクトするということが大原則であって、振り子運動のスイング自体は何も変わりませんし、ボールが地面にあるか空中にあるかの差でしかないのです。

ドライバーも振り子運動の原理は一緒

ダウンスイングの
スタートでは、ク
ラブヘッドにハン
ディをつけておく

ドライバーだって
ハンドファーストに打つ

インパクトまでグリップがクラブヘッドに追い越されないようにスイングする

「アイアンでダフリが出る」や「ドライバーが飛ばない」という理由

ドライバーショットの話をもう少し続けましょう。

ドライバーでアッパーブローに打つのは間違いではありませんが、第一振り子ができていない方が意識的にアッパーブローに打とうとすると、様々な弊害が起こりやすいので避けましょう。

第一振り子の運動では、スイング軌道の最下点の手前、つまりリリースの前にボールをとらえるのですが、第二振り子との連動によって結果的に体や腕がボールをアッパーにとらえることになります。

ドライバーの場合、ボールを左カカト内側の前あたりにセットするため、第二振り子をしっかり動かせば、自然とアッパーブローとなります。

クラブヘッドの入射角が0度のレベルブローや、ややアッパーブローにインパクトするのは正しいのですが、第一振り子の動きまでが上昇軌道でボールをとらえてしまうアッパーブローになってはいけません。

これが多くのアマチュアゴルファーが陥りやすい「すくい打ち」です。

アッパーブローを意識すると体重が右足に残ったままとなり、グリップ支点が目標と反対側にずれてしまいがちです。

一番いけないのは、振り子運動の原理をまったく考えないで、グリップとクラブヘッドを一緒に動かそうとして、ボールに合わせるような動きをしてしまうことです。

振り子の原理を理解すればドライバーの飛距離も伸ばせる

シャフトには長さがあるため、クラブヘッドが自分の想像する以上に加速して、グリップを簡単に追い越してしまいます。

これがアーリーリリースの正体で、これによりアイアンのダフり、ドライバーが飛ばないなどといった現象が起こりやすいのです。

グリップ支点のずらす方向を間違えていることと、クラブヘッドがグリップよりも速くゴールインしてしまっているところに問題があります。

アイアンショットはダウンブロー、ドライバーショットはアッパーブローに打つといいますが、第一振り子と第二振り子を連動させるスイングイメージ自体は何も変わりません。

ドライバーをどう打つかというと、基本的にはアイアンと同様で、インパクト前にグリップエンドがクラブヘッドに追いつかれないイメージでスイングすることです。

インパクトでグリップとクラブヘッドがほぼ同時にゴールインするのは及第点といったところでしょう。

こうした第一振り子の基本を正しく理解すれば、ダフリを直すにはどうしたらいいのか、どうすればドライバーの飛距離が伸びるのか、といった疑問が解けるはずです。

飛ばないのはヘッドが減速するから

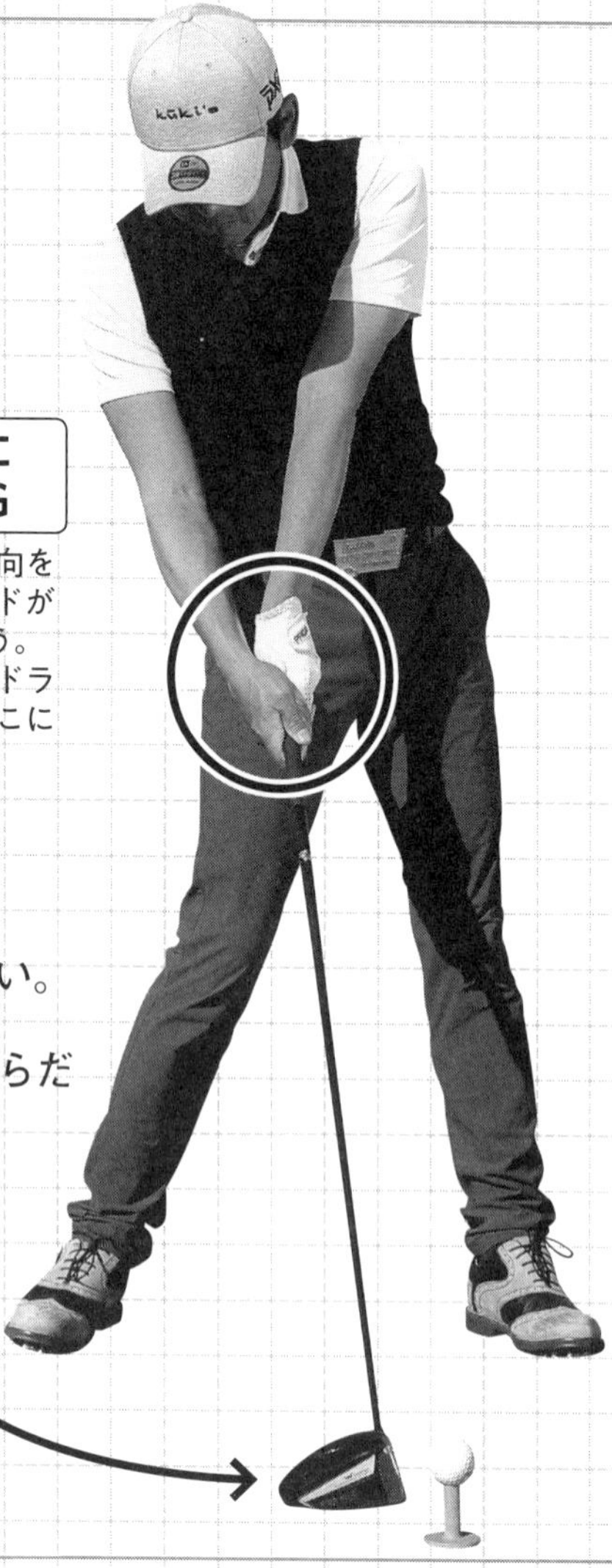

**クラブヘッドが先に
ゴールするのはNG**

グリップ支点をずらす方向を間違えると、クラブヘッドが先にゴールインしてしまう。アイアンでダフるのも、ドライバーが飛ばないのもそこに原因がある

**左腕をシャフトが
追い越すような
インパクトはいけない。
第一振り子としての
機能を果たさないからだ**

第2章

グリップ内の「圧力変化」を感じ取るのが大切

グリップ内の「圧力変化」って何？

グリップ支点の振り子運動の原理を覚えたら、今度はグリップ内の「圧力変化」について解説していきたいと思います。

「圧力変化」とは両手のグリップを握る強さがスイング中、絶えず変化することをいいます。

実をいうと、このグリップ内の圧力変化は振り子運動を作る上で最も大切なことであり、目に見えないところに重要なポイントが隠されているのです。

これは英語のＡＢＣのアルファベットの学習に当てはまるようなものでもあります。

グリップ支点の動きそのものが、グリップ内の圧力変化だといってもいいでしょう。

グリップ内の圧力変化によって振り子運動を作れるかどうかが大きなカギとなります。

目につかない部分だけに他人からは気づきにくく、できている上級者やプロは「無意識下」で行っているため、日本ではまったくといっていいくらい語られていません。

林《はやし》由郎《よしろう》プロや、青木《あおき》功《いさお》プロなどはグリップ内の圧力変化をすごく感知しながらクラブを振っていたのではないかと思います。

スイング中はクラブの遠心力が働き、クラブヘッドが進む方向にしたがって、両手のひらの中の加圧状態が変化します。

アドレスでの両手の力感や、バックスイン

グ中に両手にかかる圧力、ダウンスイングからインパクトにかけてクラブを加速させるときの圧力、大きな遠心力が働くフォロースルーでの圧力など、グリップの握りの強さはすべて均等ではなく、絶えず変わり続けます。

クラブの重さを感知しながらスイングするのがカギ

これがグリップ内の圧力変化ですが、腕力のない小さい子供たちは本能的に圧力変化を感じ取っています。

子供の頃からゴルフを始めた人は、筋力のない頃からクラブを数多く振ってきました。

重たいクラブをうまく支える練習を最初から積んでいて、自分で気づかないうちにグリップ内の圧力変化をうまくコントロールする技術が備わっているのです。

第1章でも述べましたように、だからグリップ支点の第一振り子を自由自在に稼動させることができ、脊柱上部あたりを支点とした第二振り子の動きを教えてあげるだけで、スイングがほぼ完成してしまうわけです。

振り子運動をやめないで、グリップにベアリングの役割をさせるのが「いいスイング」の条件であることは前述しました通りです。

手元が動きながら、クラブの先端も動く。慣性モーメントや遠心力を有効活用するグリップの役目。いかにゴルフクラブという道具にいい仕事をさせるか。

そういったことを考えながらスイングを構築していくと、グリップ内の圧力変化をうまく感知できるようになります。

両手を握る強さよりもグリップ支点の稼働を重視しよう

グリップをどのくらいの強さで握るのがいいのか？

そんな質問をよく受けますが、グリップの握り圧は強くても弱くても構いません。

スイング中におけるグリップ内の圧力変化はとても大事ですが、グリッププレッシャーは人それぞれで構いません。

強烈に強く握ってもいいですし、緩々に握ってもOKです。

かつてマスターズチャンピオンに輝いたフレッド・カプルスは「何も握っていない」といわれたほどグリップを緩く握っていましたが、現在のUSPGAの選手たちは、たとえばタイガー・ウッズやロリー・マキロイ、トミー・フリートウッドらは割合しっかりと握っています。

でも、彼らは圧力変化があって、グリップに対してクラブヘッドをしっかり動かしているのです。

バックスイングでコッキングを使っても、インパクトゾーンで振り子運動を止めてしまってはなんにもなりません。

グリップが支点の役割を果たしているかどうかが重要で、グリッププレッシャーの強さはそれほど重要ではないのです。

自分が振り子運動をしやすいグリップ圧で

構いませんし、グリップ内の圧力変化がスムーズにいくような握り圧がベストです。

スムーズな振り子運動には手首の柔軟性が欠かせない

圧力の変化を確認するには両手でクラブを持ち、グルグル回してみるのがいいでしょう。ポイントはリストを柔軟にしてクラブを回すことです。

手首を柔らかく使えて、クラブを自由自在に動かせるのであれば、グリップは強めに握っても緩めに握っても構いません。

クラブを回す中で、両手のひらにかかる圧力が変化することをしっかりと感じ取れることが大切です。

手首の硬い人はクラブをグルグル回そうとすると、体まで一緒に動いてしまいます。

試しに右手だけでクラブを持ち、右ヒジを固定させたままでクラブを回してみましょう。

自分から見て時計の針が進む方向、つまりゴルフスイングと同じ方向の右回りに動かすのがコツです。

ところが右手首を固めると、クラブで円を描くように回すことができません。

それは右手グリップでクラブを固定してしまい、グリップ内の圧力変化を封じてしまうことになるのです。

第5章のドリルでも紹介しますが、手首が硬い人はクラブをグルグル回す練習や、手首のストレットを日課にしましょう。

手首を柔軟にしておくだけでもグリップ支点の振り子運動や、グリップ内の加圧変化をうまくコントロールできるようになります。

クラブを回して手首の柔軟性アップ

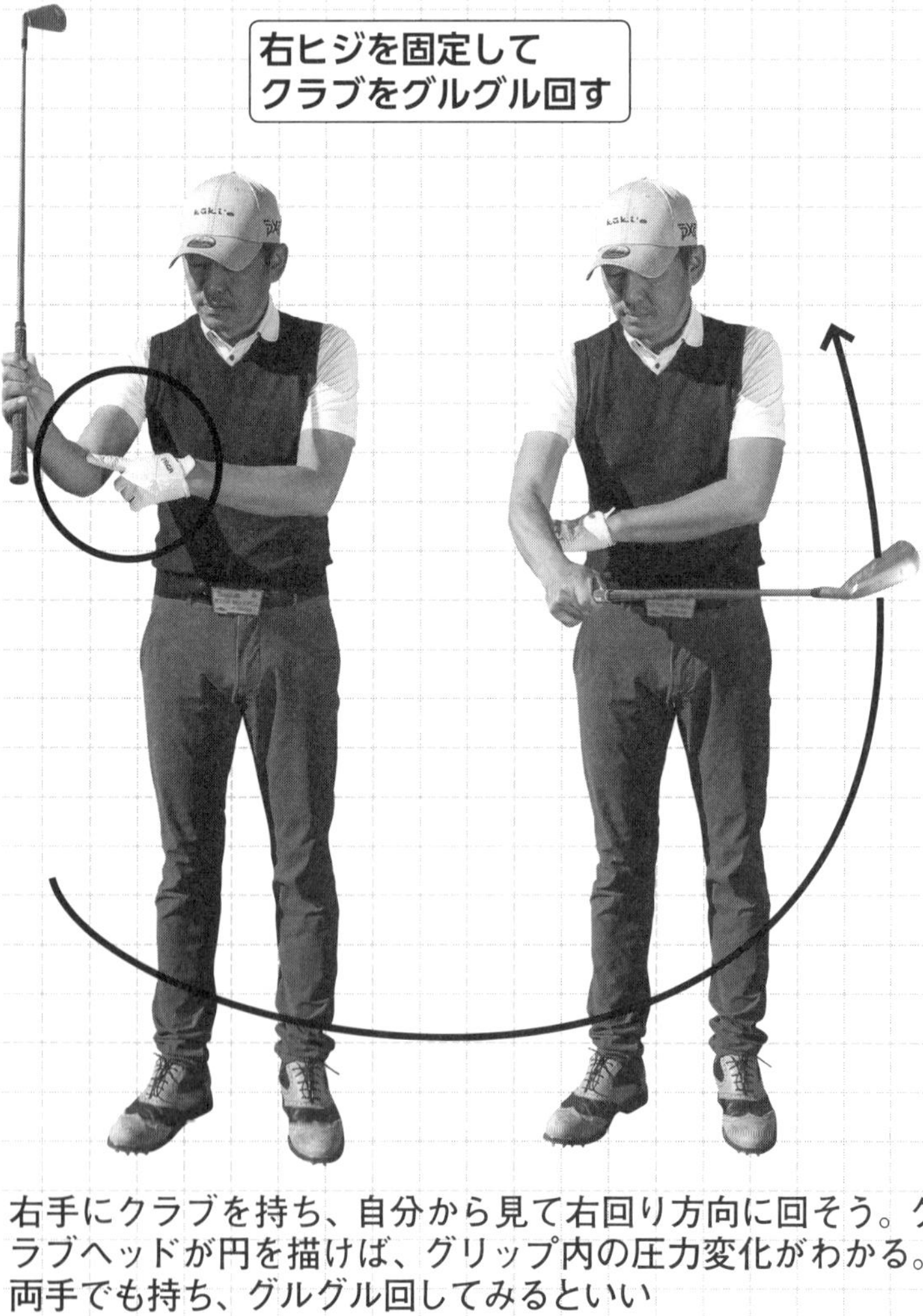

右手にクラブを持ち、自分から見て右回り方向に回そう。クラブヘッドが円を描けば、グリップ内の圧力変化がわかる。両手でも持ち、グルグル回してみるといい

グリッププレッシャーは人それぞれ

両手を強めに握っても
グリップが支点となればOK

クラブの重さを利用しながらグルグル回せれば、強く握ってもいい。ただし、手首は硬くしないこと

振り子運動ができない人は
グリップを柔らかめに握ろう

クラブをスムーズに回せる握り圧がベスト。クラブの重さを感じ取れるように、はじめのうちは柔らかめの握り圧が理想的

ショット前のワッグル動作の意味とは？

　ショットの前にクラブヘッドを軽く揺らすワッグル。これをなんのためにやるかというと、グリップ支点の振り子運動の準備のためです。

　プロたちのワッグルの所作は人それぞれですが、ワッグル動作を入れていないプロはあまりいません。

　ワッグルをすることで、手首を柔らかくし、グリップに対してクラブヘッドを動かしている感じがよくわかるでしょう。

　両手にクラブの重さを感じながらワッグルを数回繰り返すことで、グリップ内の圧力変化を感じ取れます。

　ところが多くのアマチュアゴルファーはワッグルがスムーズにできていません。構えたときからグリップを押さえてしまっているからです。

　ワッグルはスイングのミニチュア版と考えましょう。ワッグルで感じ取った圧力変化の延長で、スイングを実行することです。

　なお、ワッグルのスタートでは、グリップを目標方向に軽くスライドしながら、クラブヘッドがバックスイング側に動くようにヒンジングしましょう。

　つまり、手首を甲側や手のひら側に軽く折りながらクラブヘッドを動かすのです。

ワッグルでグリップ内の圧力変化がわかる

正しいワッグルは自分から見てクラブヘッドを小さく右回りさせるのがポイント

ワッグルは振り子運動の準備動作

手首を柔軟にし、両手にクラブの重さを感じながらワッグルを数回繰り返そう

クラブを8の字にグルグル回して圧力変化を体感しよう

今度はショットにおけるグリップ内の圧力変化を簡単に体感できる方法をお教えします。

クラブを持ち、通常のアドレスを作ったら、クラブヘッドで8の字を描くイメージでグルグルと回しましょう。

自分から見て、まずクラブを右上の方向に振り上げて、クラブを右回りさせるように円を描きます。

そして、そこからクラブを左上のほうに持っていき、左下へと回して、スタート地点と同じ右上の方向へと上げていきます。

これを数回繰り返し、8の字のイメージでグルグル回してください。

この練習では、以下の2つが重要なポイントとなります。

・バックスイング方向に上げるときはアウトサイドに上げて、ダウンスイングではインサイドから振り下ろす

・インパクトのポジションに向かうときはグリップが先行し、クラブヘッドが先に通過しないようにする

バックスイングでは飛球線の外側へと上げて、トップでクラブヘッドがループを描き、飛球線の内側から下ろしてくるようにしましょう。

バックスイングとダウンスイングの軌道を

自分から見て、クラブが右回りするように動かすのです。

飛球線の内側へと上げて、飛球線の外側から下ろすような左回りではいけません。

実際のスイングに当てはめると、極度のアウトサイドインのカット軌道で振っていることになるからです。

クラブを下ろすときはグリップが必ずリードする

8の字に振るイメージ練習でもグリップ支点の振り子運動が大切ですから、ダウンスイングでクラブヘッドが追い越してはダメです。

インパクトではハンドファーストの形となり、それからクラブヘッドがグリップを追い越してフィニッシュのポジションへと向かいます。

そこで8の字スイングを終えないで、フィニッシュからクラブを左下へと回し、そのままバックスイングの方向へと導いていきましょう。

この場合もクラブが体の真正面を通過するときはグリップが先行し、クラブヘッドが後から下りるようにするのがポイントです。

つまり、「逆ハンドファースト」の形を作るのです。クラブが下降するときは、クラブヘッドがハンディを背負い、グリップが先にゴールすることが絶対条件です。

この原理を守ることでグリップ内の圧力変化を感知でき、クラブを正しく動かせるようになります。

クラブを8の字にスムーズに回せるようなグリップの握り圧を見つけることも大切です。

8の字のイメージで振る練習をしよう

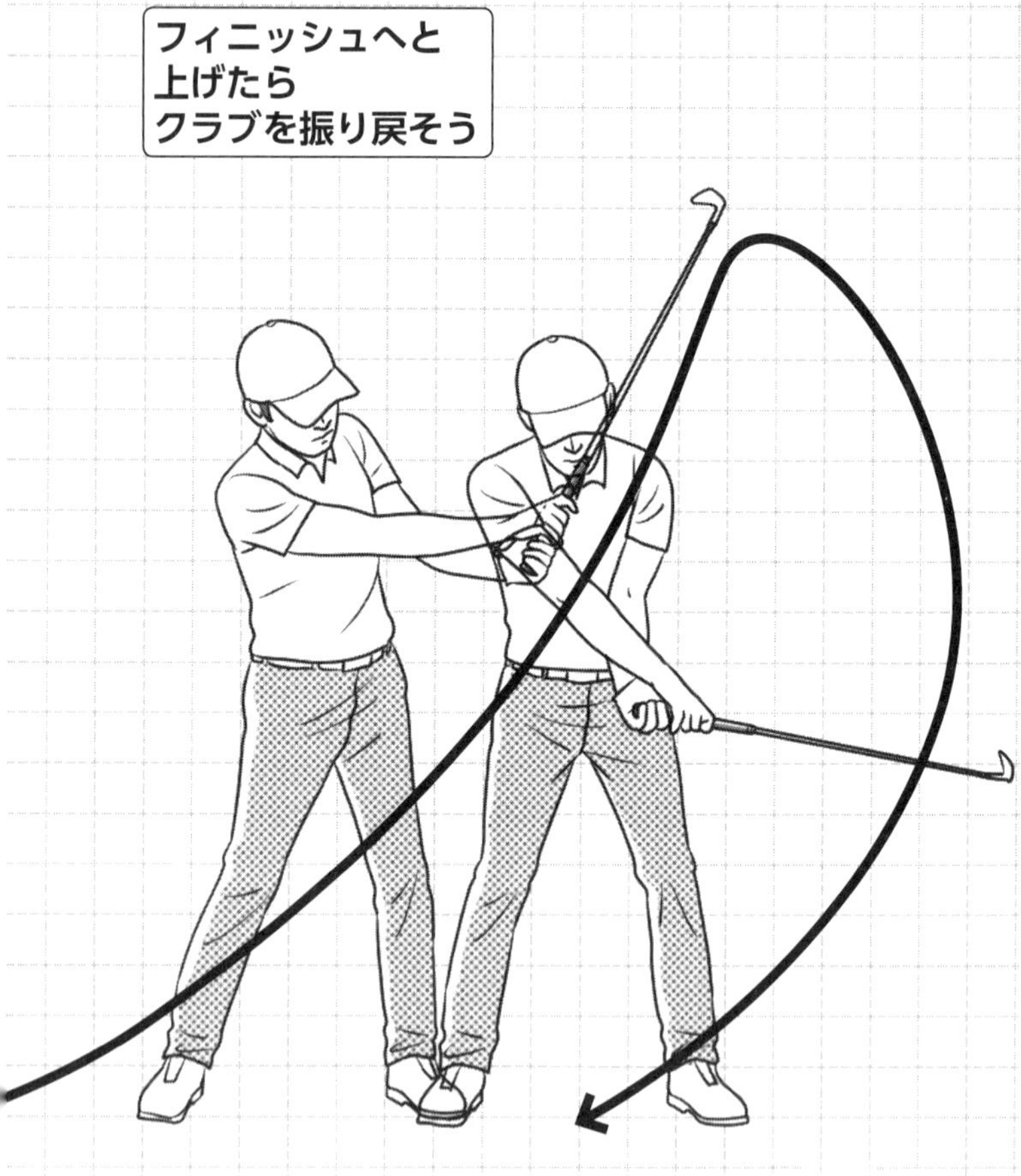
フィニッシュへと
上げたら
クラブを振り戻そう

インパクト後にクラブヘッドがグリップを追い越し、そのままスイングを止めないでクラブを左下へと回していく

ドリルという意識でやってみましょう

正しく振れば正しい圧力変化がわかる

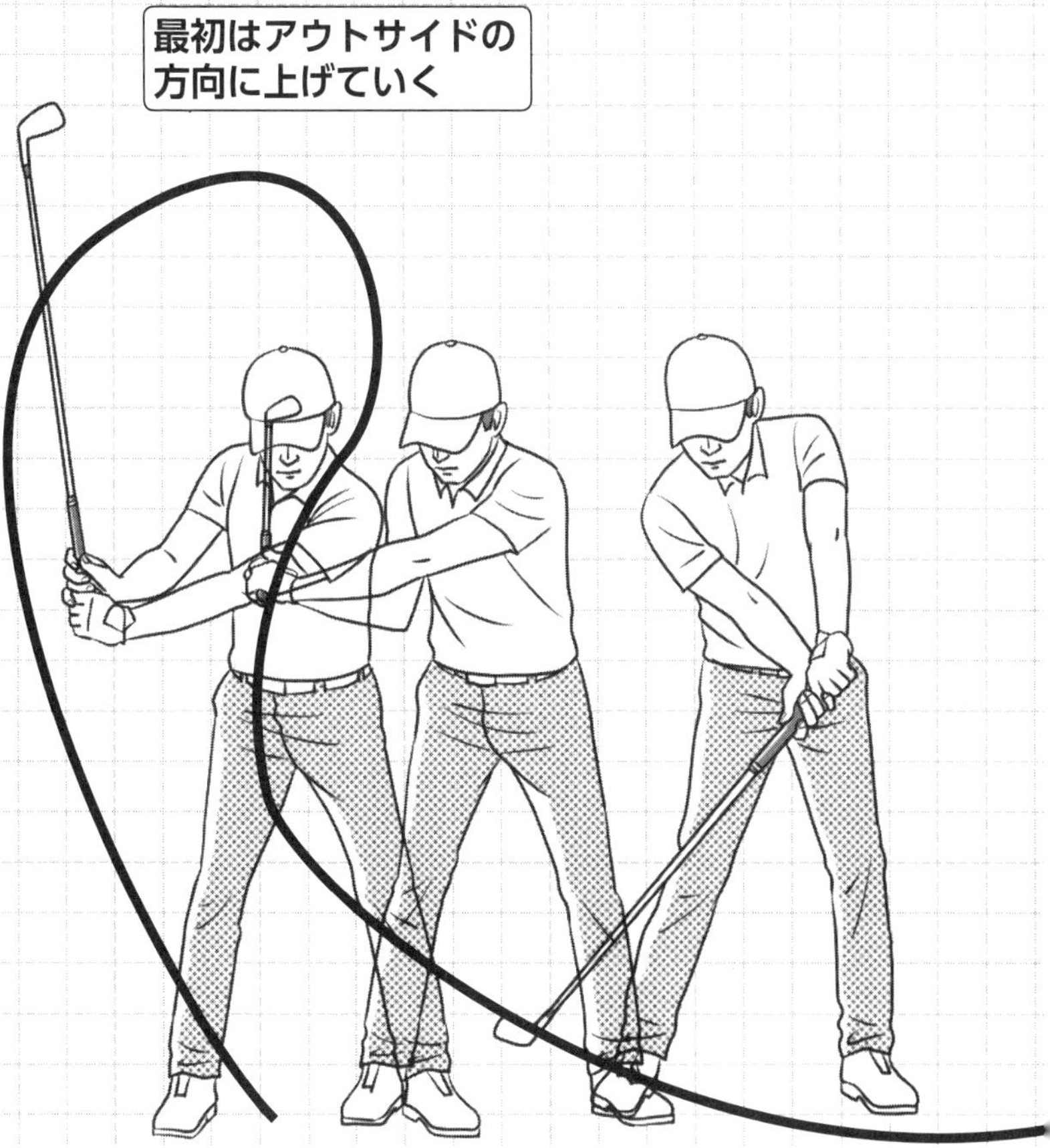

飛球線の外側へと上げ、ダウンスイングはインサイドから下ろし、グリップがリードしたままでインパクト地点を通過する

クラブが右回りするようにスイング

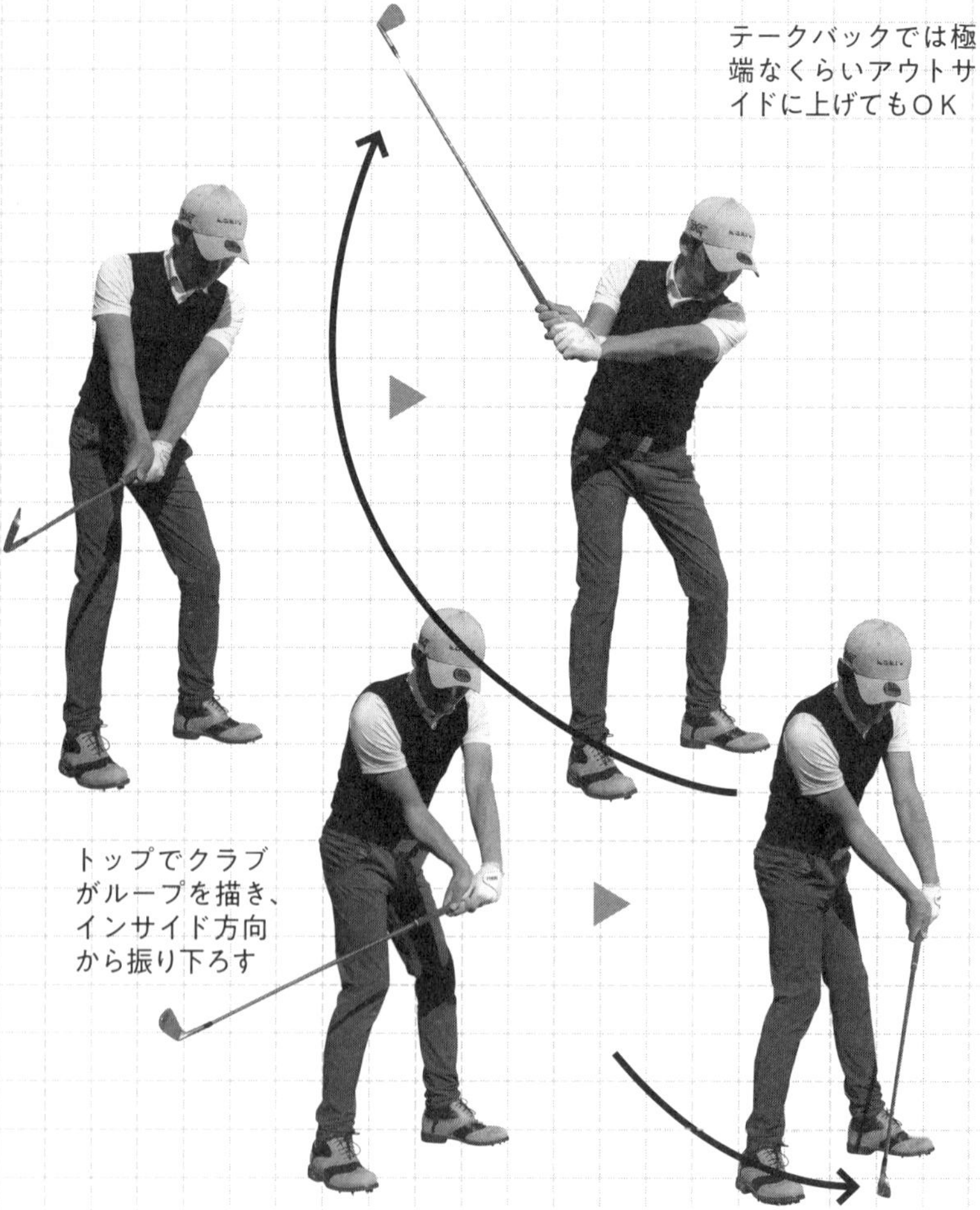
テークバックでは極
端なくらいアウトサ
イドに上げてもOK
トップでクラブ
がループを描き、
インサイド方向
から振り下ろす

ダウンスイングではクラブヘッドがダウンスイングよりも内側を通るように振るのが大切なポイント

振り戻すときもグリップがリードする

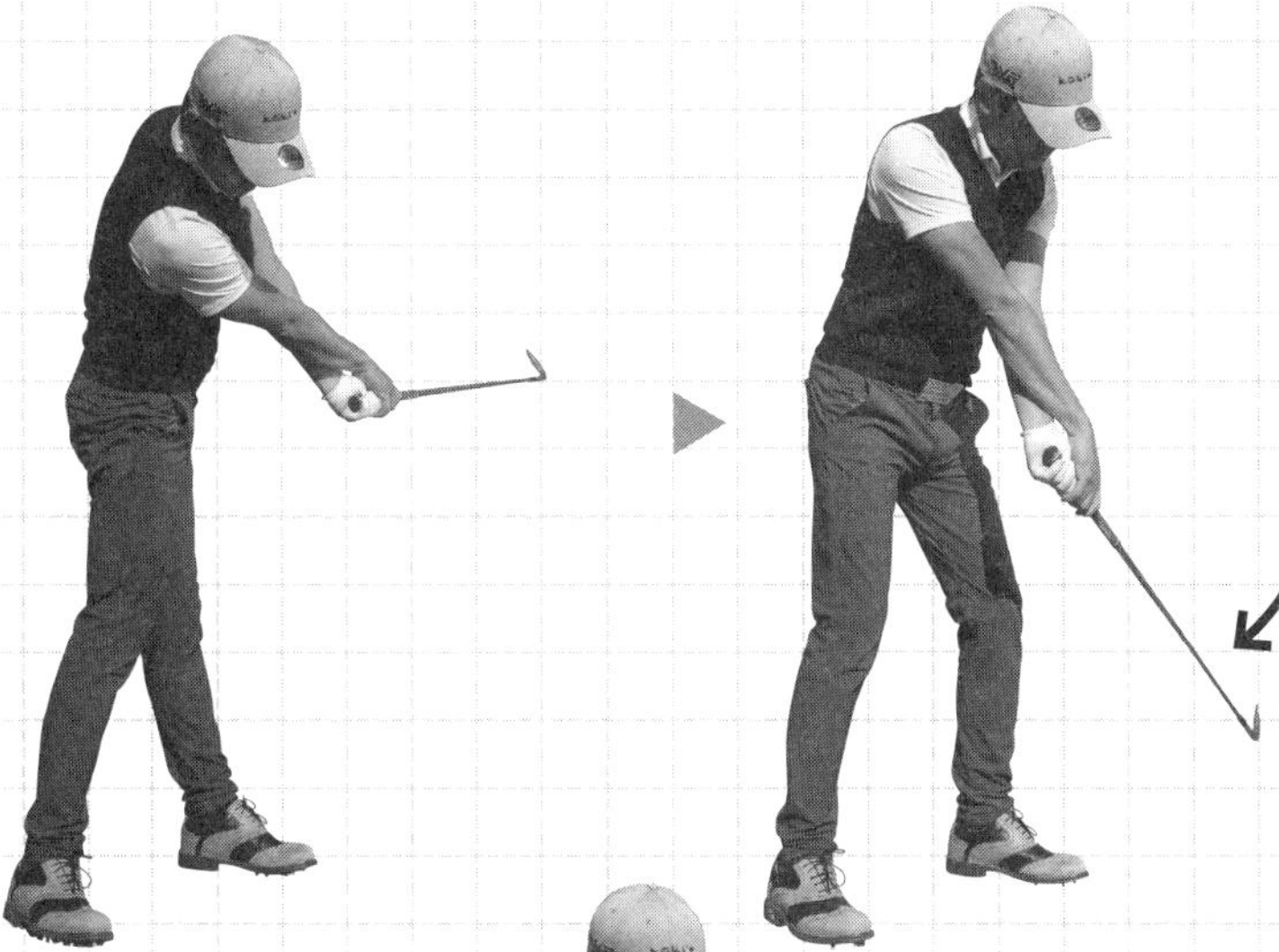

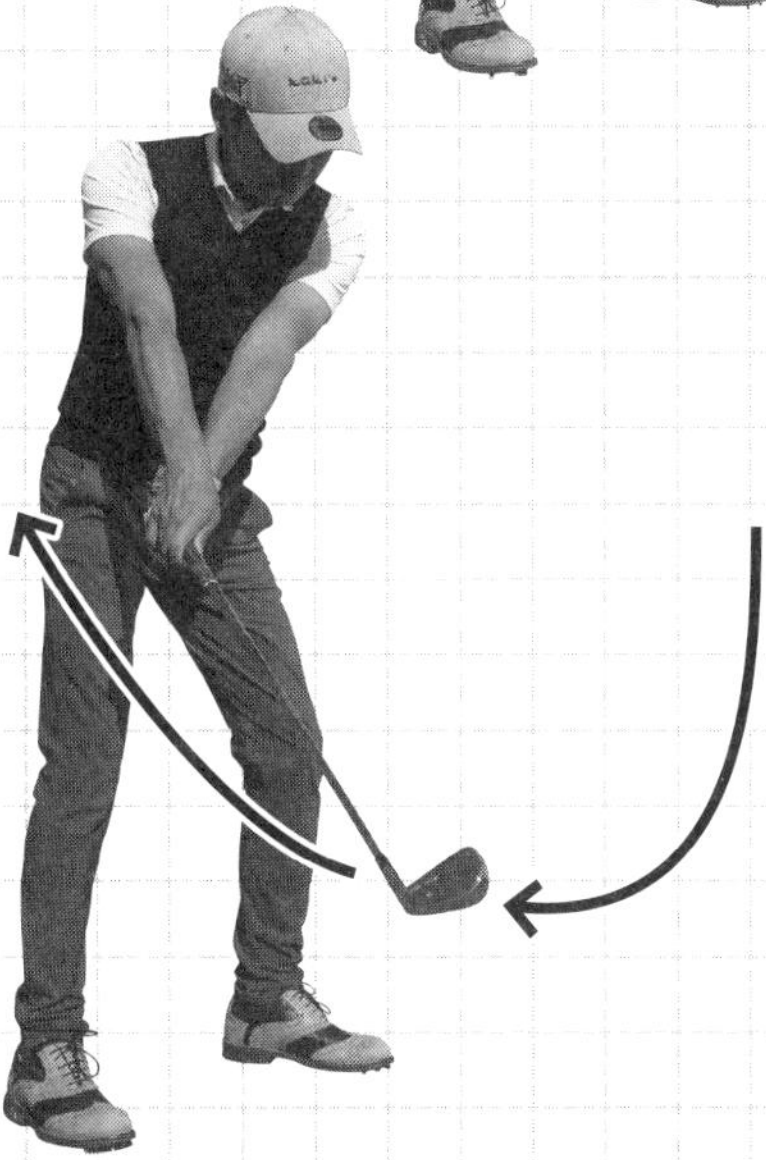

クラブが下降中はグリップを先に進ませる

フィニッシュからバックスイング方向へと戻すときもグリップがクラブヘッドに追い越されないようにしよう

8の字スイングで「掌屈」と「背屈」の動きがわかる

手首を柔軟にしてクラブを8の字に回す練習をするとグリップ内の圧力変化を把握できると同時に、「ヒンジング」といわれる「掌《しょう》屈《くつ》」と「背《はい》屈《くつ》」のリストワークも体感できます。

「掌屈」とは手首を手のひら側に折ることで、「背屈」は手首を甲側に折ることをいいます。

ハンドファーストですと、主としてインパクトの瞬間に左手首が掌屈し、右手首は背屈します。ダスティン・ジョンソンやブルックス・ケプカなどがそのようなインパクトの代表的なプレーヤーです。

グリップの握り方には軽めのストロンググリップやスクエアグリップがあり、両手の握り方で圧力の感じ方に多少の違いがありますし、同じ握り方でもプレーヤーによっても圧力変化の差があって当然です。

グリップ支点の第一振り子が発生すれば、クラブの遠心力にまかせて動かすことになりますから、どんな握り方でもクラブが同じ動きをするはずです。

要は自分がクラブを8の字にスムーズに回しやすい握り方でいいのです。

バックスイングでは手のひらのこの辺に圧力を感じなくてはいけないなどと、難しく考える必要はありません。

クラブが腰の高さよりも低い場所にあるときは、小指側でクラブを支え持つ感覚が生じますが、それも8の字スイングでわかってきます。

左腕の「外旋」、左手首の「掌屈」でハンドファーストインパクトを作る

重ねていいますが、クラブを自分で押さえ込もうとしてはいけません。

力を入れるだけで圧力変化がないようでは、振り子運動ができないのです。

グリップを固めてクラブフェースをボールに合わせるような打ち方になると、クラブヘッドがグリップを追い越して、ハンドレートのインパクトになってしまいます。

グリップを緩々に握っておくのはいいとしても、インパクトで手首をほどこうとするのもいけません。

同じように左手首が背屈、右手首が掌屈しやすいからです。

インパクトではハンドファーストの形、つまり「左手首＝掌屈」「右手首＝背屈」となるのが大原則ですが、そのためにはインパクトに向かってクラブを振り下ろすときに、左腕を「外旋」させることが大切です。

左ヒジから先の左前腕部を自分から左側に回し、それと同調して右ヒジから先を左へと回す「内旋」が作動するのです。

腕のローテーションといいますが、手首をこねてしまう形だけのローテーションではいけません。グリップよりもクラブヘッドが先に進んでしまい、ハンドファーストのインパクトが作れないためです。

インパクトで左手首は「掌屈」する

左手首が手のひら側に折れればグリップが先に進む

ハンドファーストインパクトを作るには、左手首の「掌屈」と右手首の「背屈」の連動が欠かせない。結果、グリップが先にゴールインする

左腕の「外旋」も重要なアクション

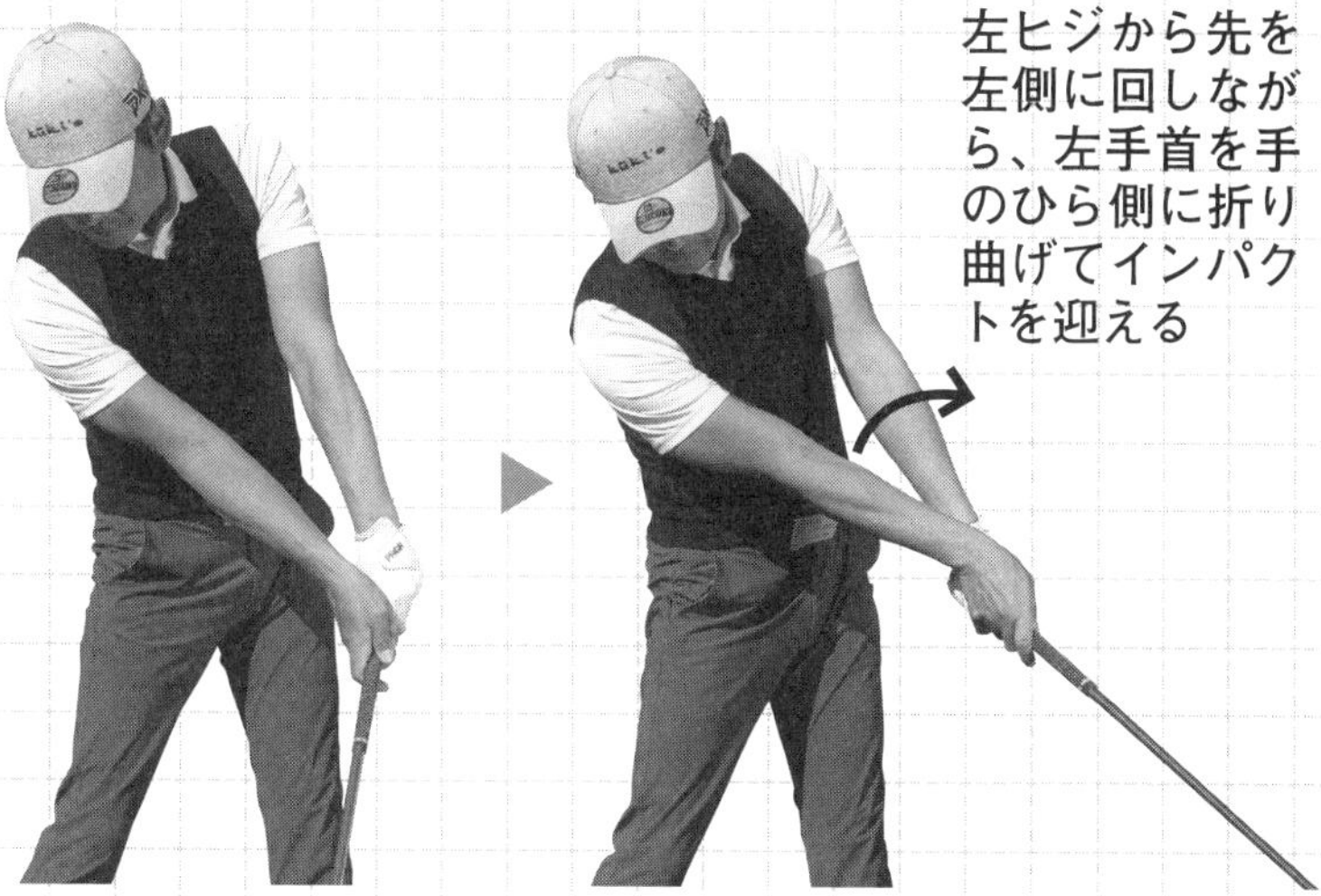

左ヒジから先を左側に回しながら、左手首を手のひら側に折り曲げてインパクトを迎える

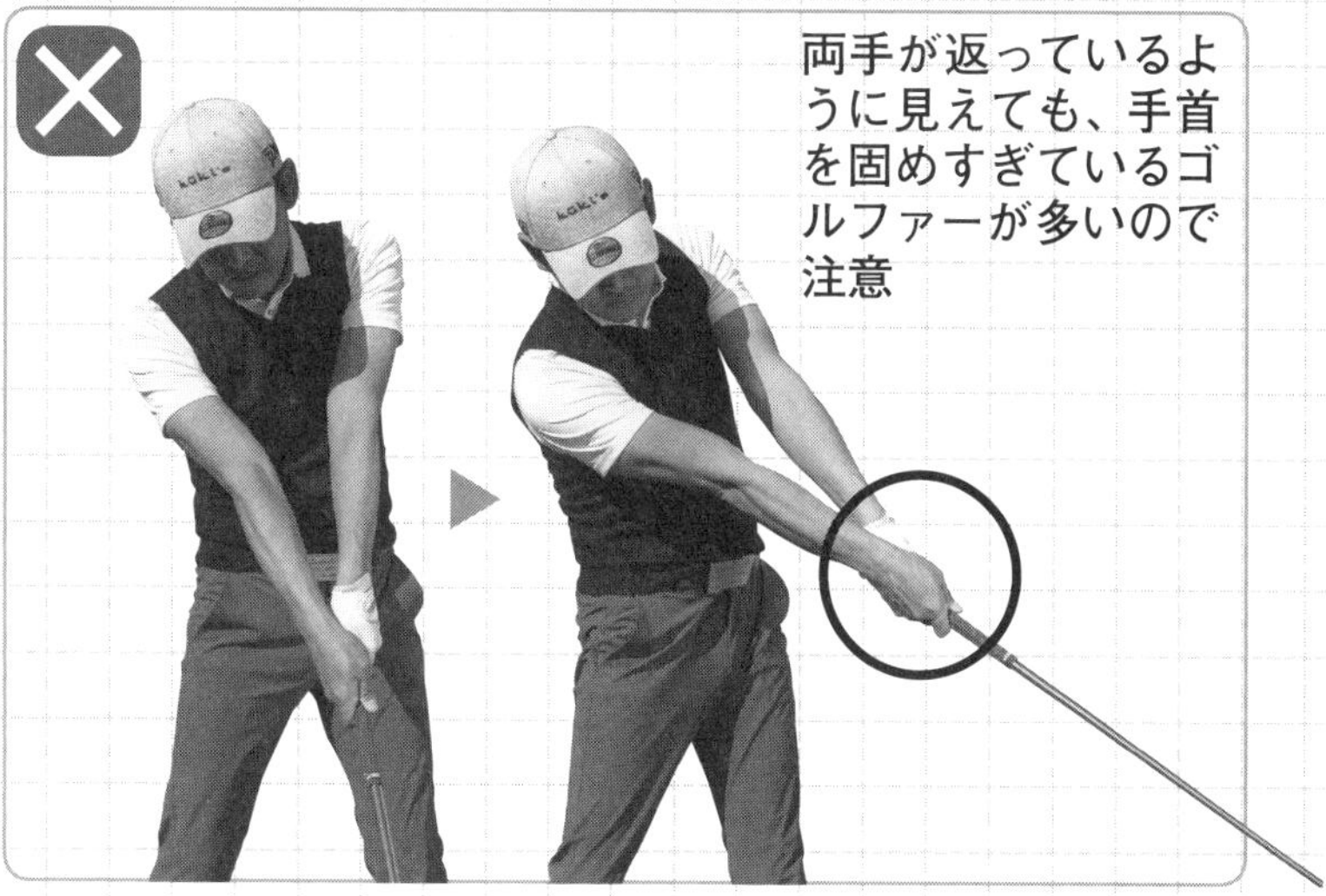

両手が返っているように見えても、手首を固めすぎているゴルファーが多いので注意

クラブヘッドの重心がどんな意味を持つかを理解しよう

グリップ支点の振り子運動やグリップ内の圧力変化は、クラブの重心を上手に利用することに大きく関連しています。

ところがフェースコントロール感のない方々は、クラブの重心をうまく利用できていません。

クラブの重心について説明を続けましょう。

あなたは重心がどこにあるかとか、重心の意味を考えたことはありますか？

今のクラブは重心距離が長くなっているとか、重心深度が深くなっているなどといいますが、そんな難しいことは考えてなくて結構です。

ゴルフは道具を使うスポーツとはいえ、ゴルフクラブの場合は野球のバットやテニスのラケットなどと違います。

クラブの形状はまさに「偏重心」の物体であり、特異性を持ちます。

この形状がゴルフを難しくしていて、難しいがゆえにスイングを物理的に研究されたり、最新のスイング解析器で解明されたりしているのです。

一番の特異性はグリップの延長に重心がないことに尽きます。

試しにクラブを片手で持ってぶら下げてみましょう。クラブが真っ直ぐ下がっているようで、実際はシャフトが少し傾きます。

真っ直ぐとなるのは、グリップエンドとクラブヘッドの重心を結ぶラインです。

この重心を度外視すると、スイングに様々なエラーを引き起こしてしまいます。

「スクエア」を勘違いしていないか？

たとえばアイアンショットを打つとき、アドレスでフェース面を目標方向に真っ直ぐ向けようとしますよね。

リーディングエッジとも呼ばれるフェースの刃が、飛球線と直角に交わるようにセットしようとするわけです。

「それがスクエアな構えです」とレッスン書にも書かれていますが、何をもってスクエアなのでしょうか。

グリップの延長に重心がなくて、グリップの延長の右側にあるのは一見スクエアでも、実際はフェースが開いた状態に等しいのです。

プロやシングルゴルファーの中にはこうしたセッティングで球筋をコントロールする人もいますから、それが絶対にいけないというわけではありません。

でも重心に対してスクエアに構えるとすれば、グリップの延長に重心がくるように構えるのが理にかなっていると私は考えます。自分から見てフェースが少しかぶった状態です。

スイング中のクラブヘッドの重心移動がスムーズで、クラブが進みたがる方向に勝手に進んでくれます。

インパクトエリアでフェースがターンし、ボールのつかまりもよくなります。

クラブをぶら下げて事実を見極めよう

クラブヘッドの重心がグリップの延長にないため、グリップエンドと重心を結ぶラインが地面と垂直になることがわかる

フェースの正しいセッティングを知ろう

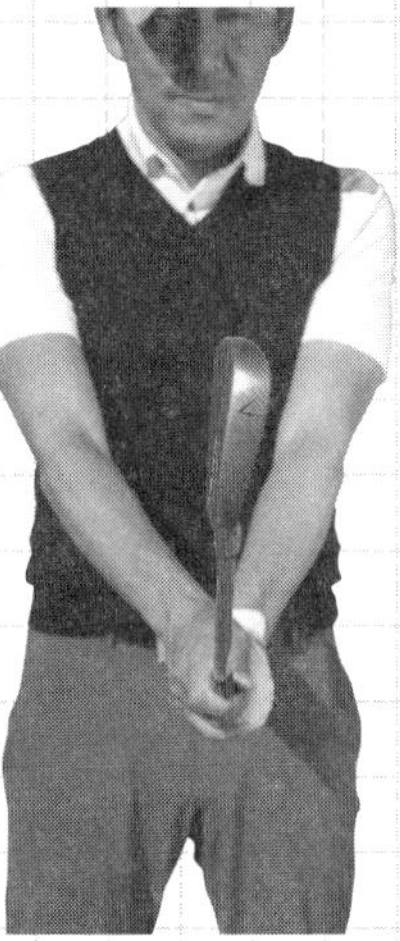

自分からはフェースがかぶって見えても、重心に対してはスクエアとなる

グリップとヘッドの重心を揃えるのが正解

構えるときはクラブヘッドの重心がグリップの延長にくるのがベスト。ドライバーも同じことがいえる

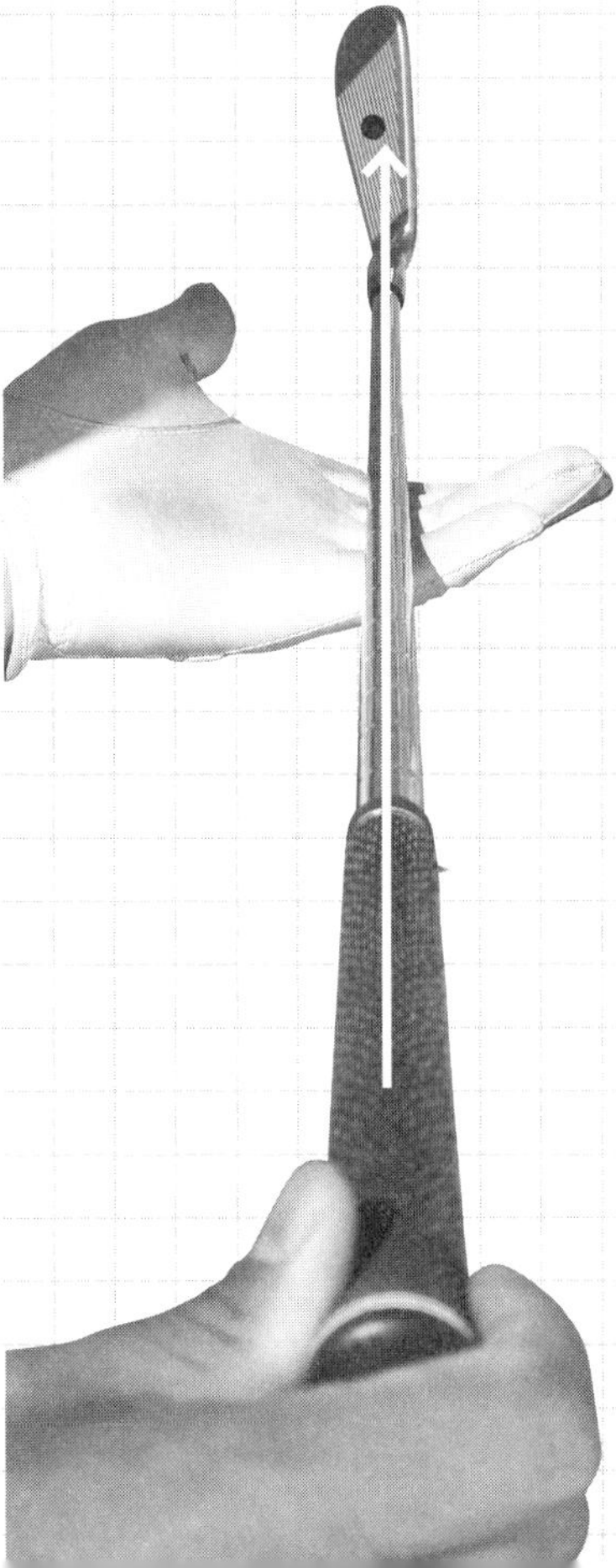

△

フェースの刃を目標に向けて構えるやり方もあるが、フェースが開きやすい点に注意

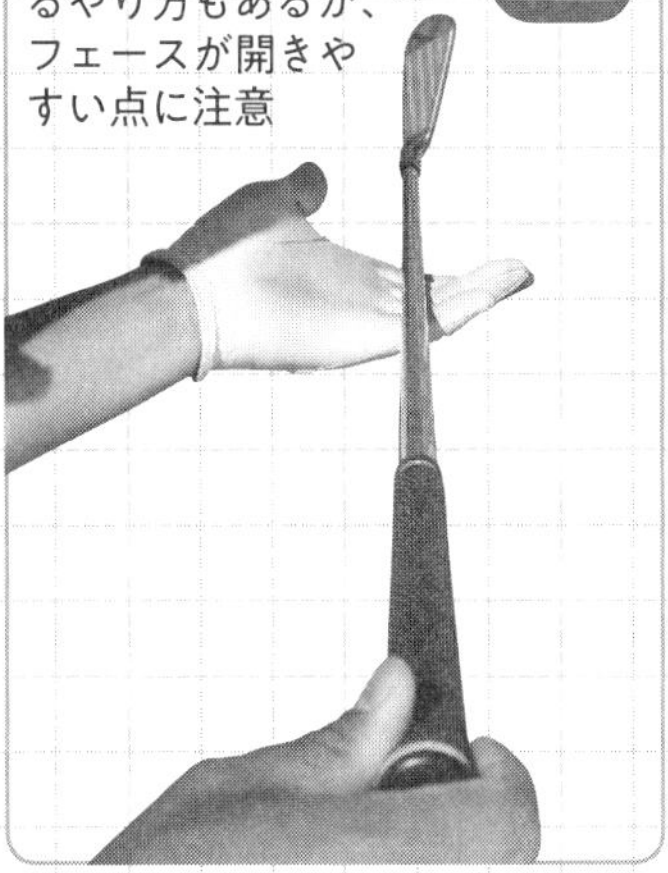

ヘッドの重心を利用すればフェースターンが自然に行われる

クラブが行きたがる方向にまかせてスイングするだけで、グリップ内の圧力変化を感じ取ることができます。

クラブの自由度を奪わない自分なりのグリップで握っておけば、クラブヘッドの重心がスムーズに移動し、フェースターンが自動的に作動します。

フェースターンは自分でフェースを返す動きではなくて、クラブヘッドの重心が勝手にしてくれているのです。

結果としてクラブヘッドは緩やかな円弧を描きますが、フェースターンしているように見えて、実はスイングの軌道に対してフェースがずっとスクエアに保たれています。

これが「長いインパクトゾーン」を形成するということです。

ところが自分でフェースをスクエアにしようとする人は、グリップを固めてフェースを「真っ直ぐ」に動かそうとします。

これではグリップ支点の振り子運動ができない上に、グリップ内の圧力変化も生じません。

フェースターンもできませんから、フェースが開いた状態でボールに当ててしまうことになります。

重心移動によってフェースがターンする

重心を利用するだけでフェースが勝手に返る

フェースターンは自分が意図する動きではない。クラブが進もうとする方向に振ってあげるだけで重心が移動し、フェースが自動的にターンする。軌道はつねにイン・トゥ・イン

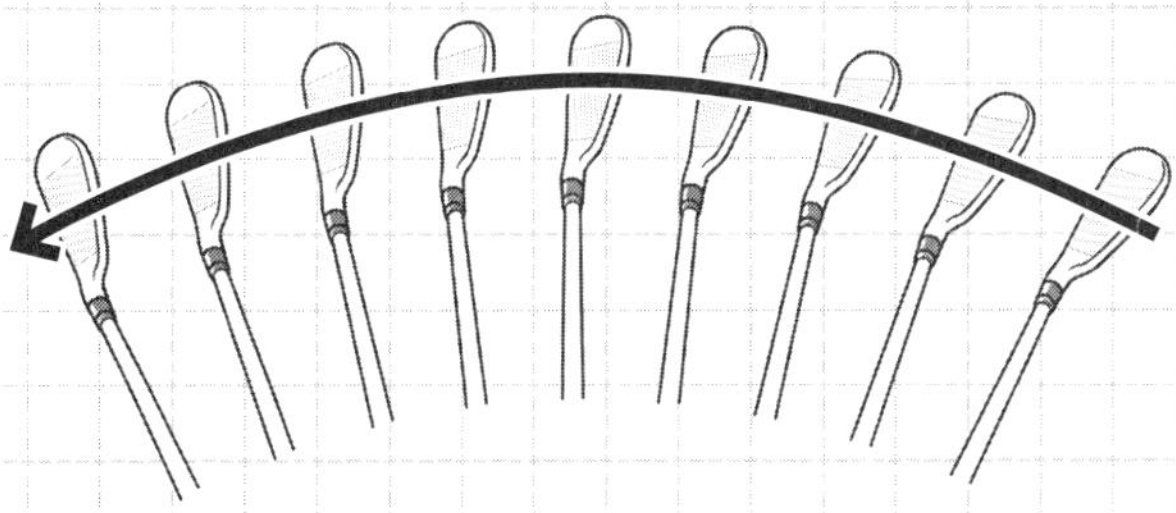

正しい振り子運動は緩やかな円軌道となる。フェースターンしているようで、実はフェースが長くスクエアに保たれる

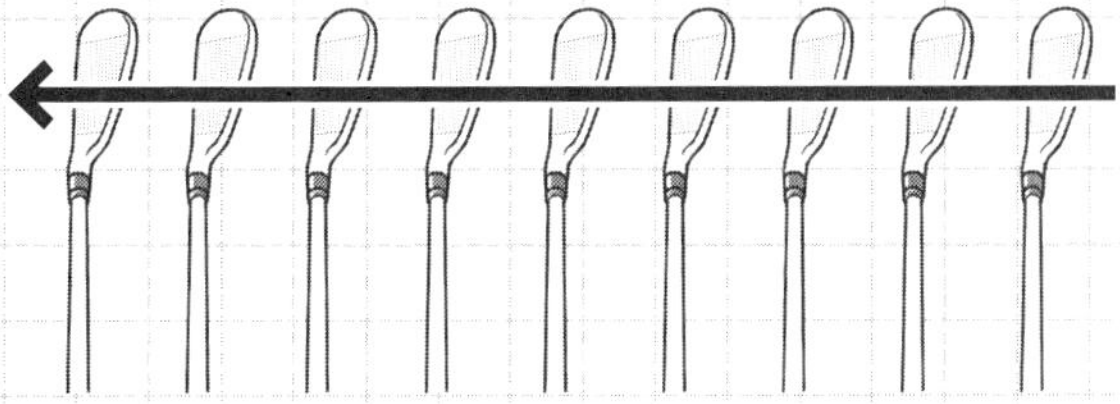

×

フェースをスクエアに保とうとしてグリップを固めて、フェースを真っ直ぐ動かそうとするのは間違い。こういう方ははじめは意図的にでもフェースターンを行ったほうがいい

グリップを空中で握れば
ナチュラルグリップが作れる

グリップを作るとき、多くのゴルファーはクラブヘッドを地面につけた状態で両手を握ろうとします。

スイングに悩み出すと、「左手をこのくらいかぶせるといいかな」とか「右手はこう握ればいいかな」などと考え始めます。

色々と模索しているうちに、正しい握り方がわからなくなってしまうことがあります。

グリップを握る形はどうでもいいといってしまうと乱暴ですが、前述しましたようにスイング中にグリップ内の圧力変化を自分で感じやすい握り方でいいのです。

軽いストロンググリップに握る人と、スクエアグリップに握る人では圧力変化の感じ方に少し差はありますが、クラブヘッドの重心を利用しやすいグリップが理想といえます。

ところがクラブヘッドを地面につけてグリップが低い位置にあると、左手を深くかぶせたり、逆に右手をかぶせるたりするようなアンバランスな握り方になりやすいので注意が必要です。

ここでテストです。誰かにクラブヘッドを持ってもらい、グリップが空中にある状態にします。

グリップの高さはお腹くらいで、クラブを水平に持ってもらいます。そのグリップに対して両手で握ってみてください。ごく自然にグリップを握りましょう。

するとほぼ全員が、グリップに両手を横から添えるように握ろうとします。グリップを握るときは、この自然な感覚が大事です。

空中のグリップを不自然な体勢で持つ人なんていない

クラブヘッドを押さえてくれている人が、フェースを開いていても閉じていても、空中にあるグリップに対して、誰もが両手を横から握ろうとするでしょう。

上体を右に傾けて左手をグリップの上から添えようとしたり、あるいは上体を左に傾けて右手をかぶせるように持ったりする人なんていないはずです。

ゴルフをしたことがない人でも、空中のグリップを持ってくださいといわれると、クロスハンドみたいに両手を逆に持つ人はいても、不自然な格好で握る人はいません。

もうひとつ、試して頂きたいことがあります。

今度はクラブヘッドを押さえてくれている人にフェースを大きく開いたり、かぶせたりしてもらいましょう。

まずはフェースが大きく開いた状態。あなたは両手をグリップに横から添えるようにして持ちます。

そして上体を前傾させてクラブヘッドを地面に下ろし、アドレスを作ります。

するとフェースが大きく開いているのが目に見えるから、無意識のうちにフェースをスクエアにセットし直すでしょう。

そうすると右腕が伸びて、右手を深くかぶせたウィークグリップとなるのです。

それとは逆にフェースを閉じてもらった場合は、クラブヘッドを下ろしてアドレスを作るとフェースがかぶって見えます。

そこでフェースをスクエアに向けると、左手を深くかぶせたストロンググリップとなります。

グリップの握り方とフェースの向きの関連を知る

つまり、グリップをできるだけナチュラル感覚で握ることや、アドレスのフェースの向きとグリップの握り方の関連性を正しく理解する必要があるということです。

グリップの延長にクラブヘッドの重心がくるように持ち、グリップを横から添える感じで両手を握りましょう。

軽いストロンググリップでもスクエアグリップでもOKです。

自分から見るとフェースが少しかぶって、目標よりもやや左を向いて見えますが、フェースの刃を目標に真っ直ぐ向ければ左手の甲を少しかぶせる形となります。

極端なくらい左手の甲をかぶせた超ストロンググリップでなければ、インパクトエリアで左腕が外旋しやすくなるので、それもいいと思います。

グリップ支点の振り子運動や、グリップ内の圧力変化を妨げないグリップの作り方がわかれば、スイングもかなり変わってくるはずです。

空中のグリップは横から添えようとする

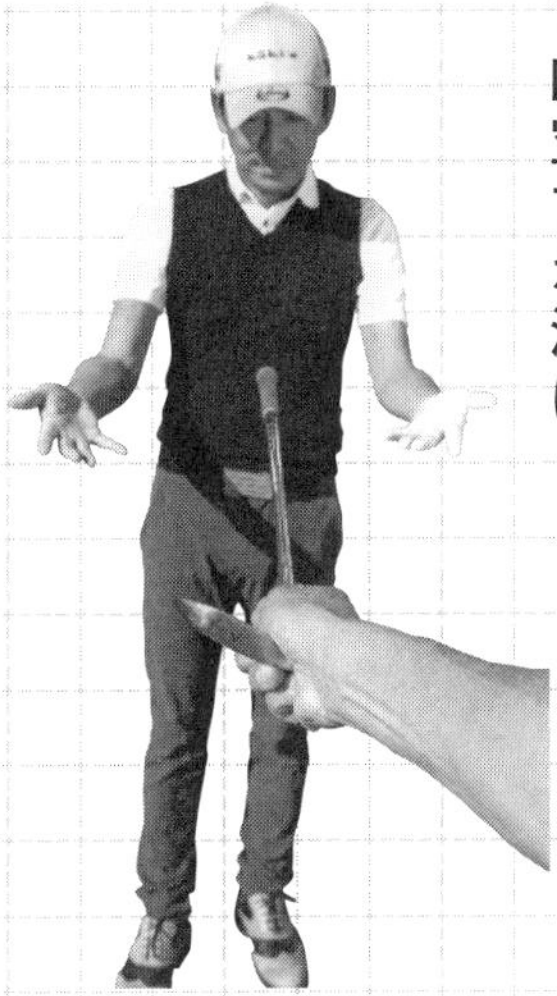

フェースがどこを向いていようと、空中にあるグリップに対して、誰もが両手を横から添えるように持つはずだ

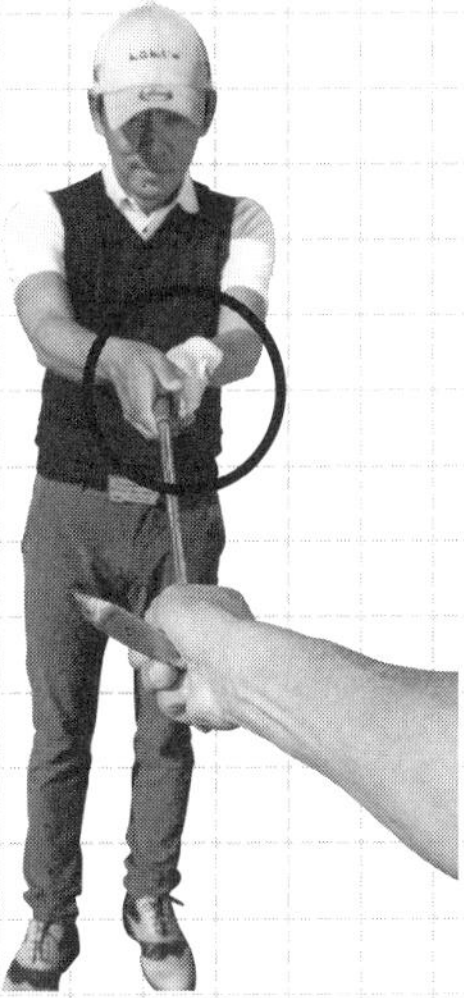

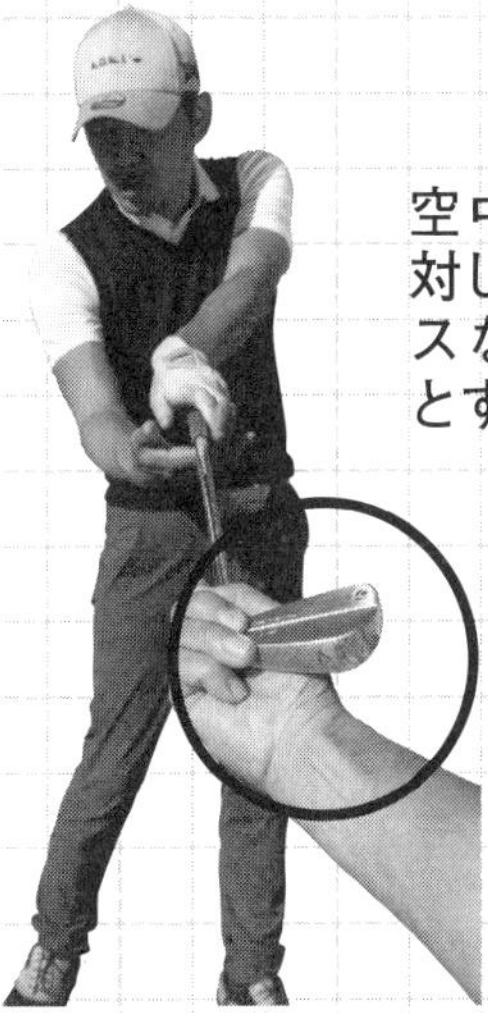

空中のグリップに対して、アンバランスな体勢で持とうとする人はいない

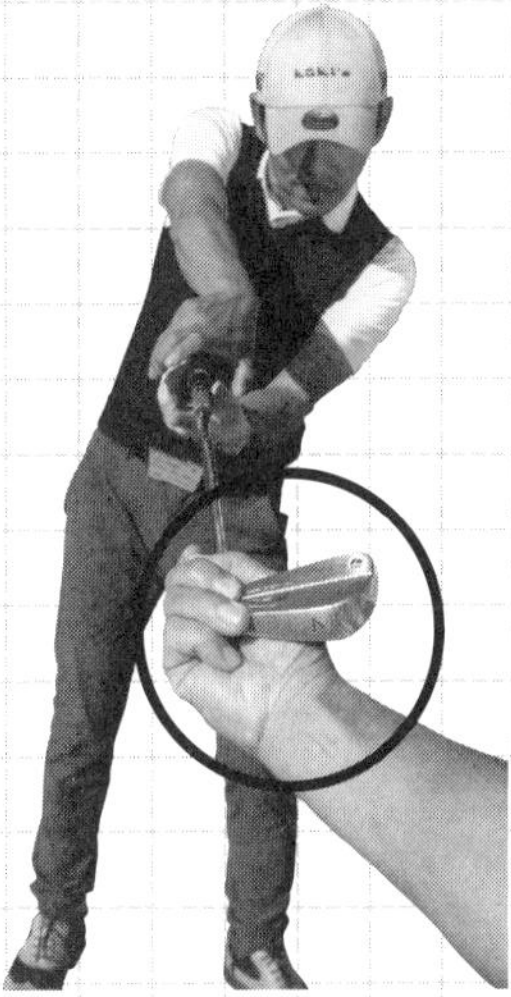

ヘッドを地面につけるときの注意点

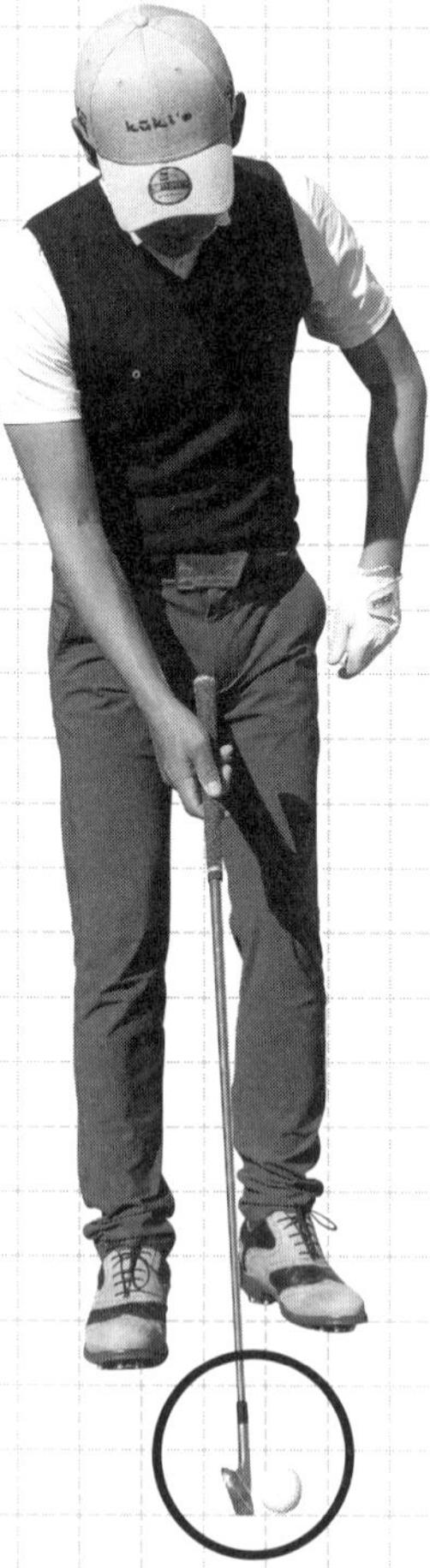

多くの人は、クラブヘッドが地面についた状態で両手を握ろうとする。間違いではないが、グリップが不自然な形にならないように注意

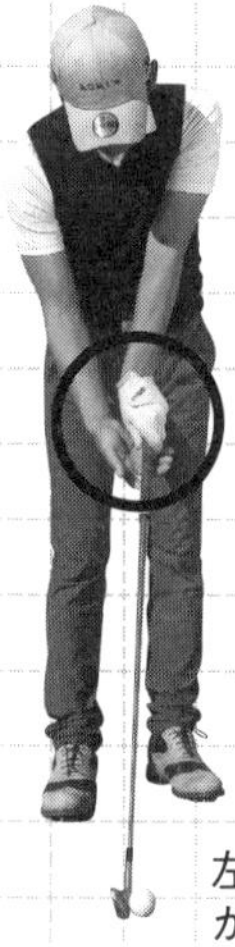

左手を上からかぶせようとしたり（上）、逆に右手を深くかぶせたり（下）しないことだ

重心とグリップの関連性を考えよう

空中にあるグリップを持つイメージでグリップを作るのがベストだ

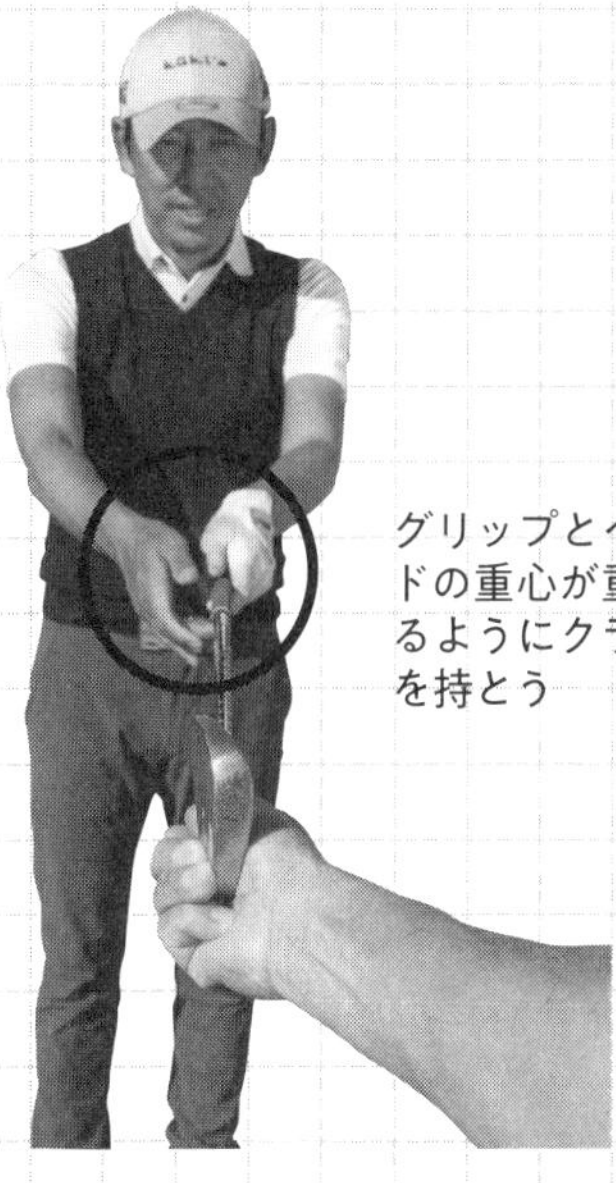

グリップとヘッドの重心が重なるようにクラブを持とう

そのままクラブを地面に下ろせば、正しいアドレスとなる

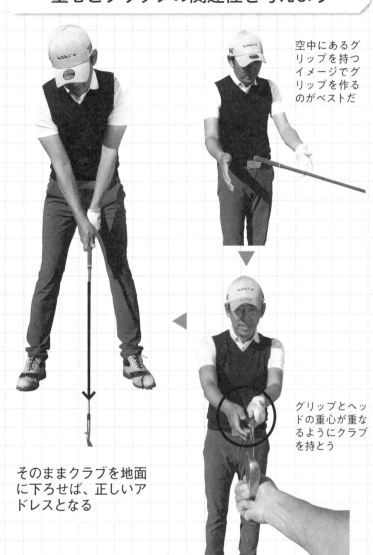

フェースを閉じるとストロンググリップ

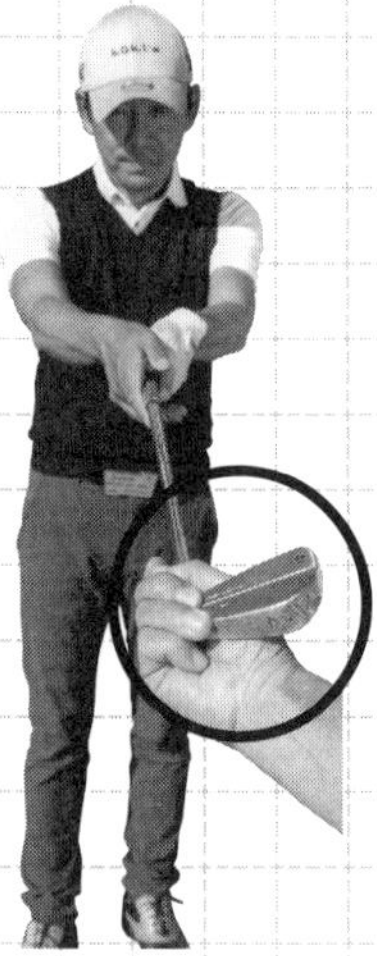

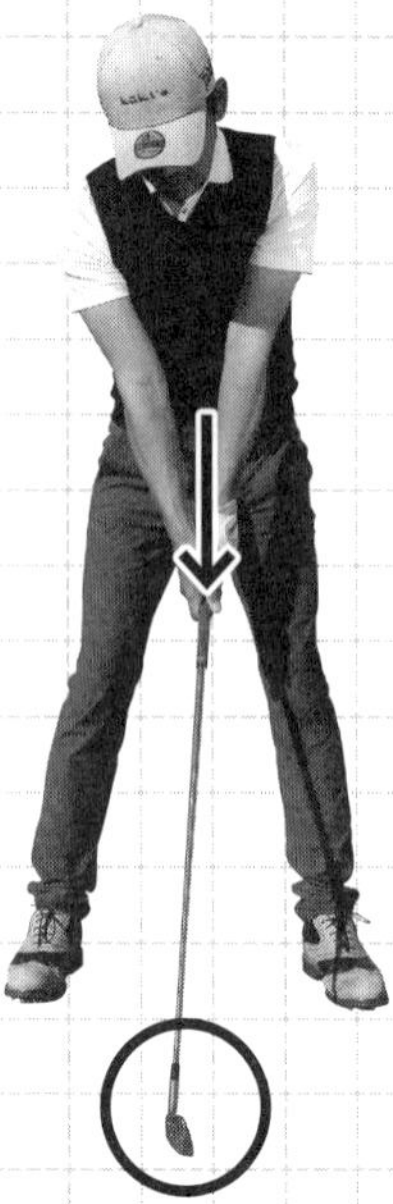

フェースをかぶせた状態で両手を持ち、クラブを下ろす。フェースの向きを真っ直ぐにするとストロンググリップとなる。極端でなければこのグリップもＯＫ

フェースを開けばウィークグリップ

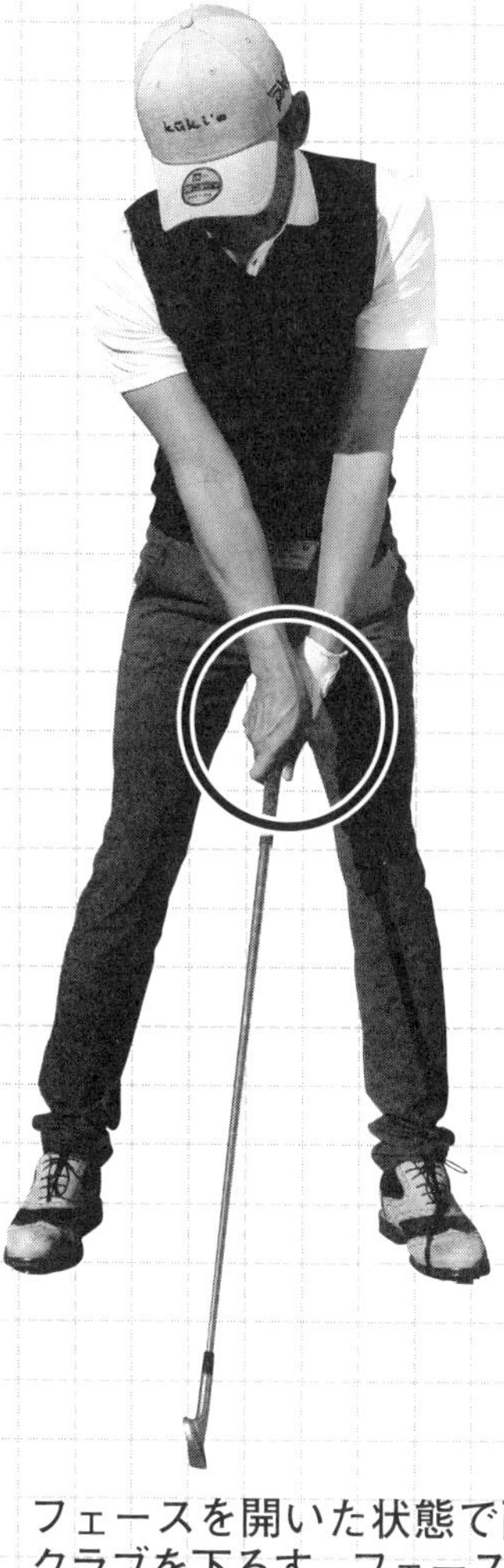

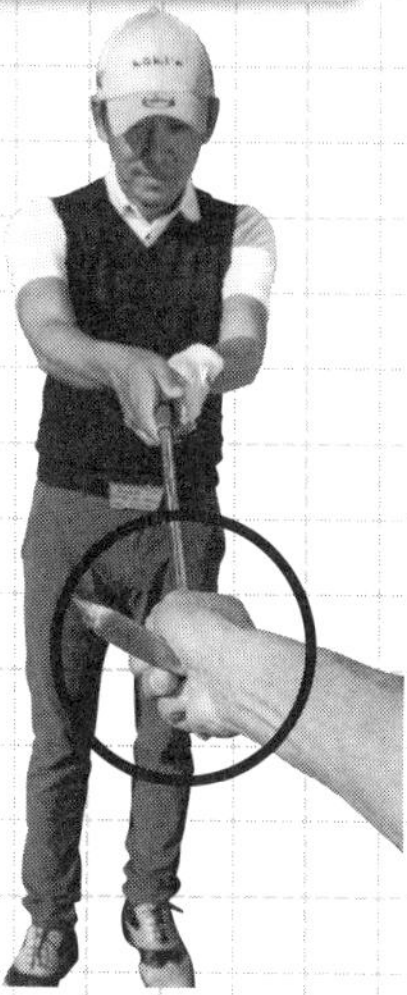

フェースを開いた状態で両手を持ち、クラブを下ろす。フェースの向きを真っ直ぐに直すとウィークグリップとなる。絶対にダメというわけではないが、球のつかまりが悪くなるので避けよう

「フェースを真っすぐ」とか「フェースを返そう」と考えない

多くのゴルファーは真っすぐ打とうとして、グリップをしっかり握ってフェース面を固めようとします。

スクエアの勘違いからこうした動きになりやすいのですが、球がつかまらないという人ははじめのうちは意図的でもいいですから、フェースの回旋を意識しましょう。

クラブを右手に持ち、右ヒジを支点にするイメージでクラブを回せばフェースがターンしやすくなります。

前にも述べましたように、フェースターンはクラブヘッドの重心移動によって自然に発生する現象です。

そのことを理解し、フェースターンを「無意識下」でできるようになったら、今度は自分でフェースを返そうと思わないようにしましょう。

球をしっかりつかまえようとして意図的にフェースを返そうとすると両ヒジから先をこね回すだけの動きになりやすいからです。

両手が返っているように見えても、実際はアーリーリリースになっているのです。

自分でやるべきことは、クラブが進みたがる方向に委ねて振り子運動を実行するだけ。

自分で「フェースを真っすぐキープ」とか「フェースを返そう」などと思わないことです。

クラブフェースは「自然に返る」と考える

自分でフェースを返そうとすると、
手首をこねてしまうことになる

右ヒジ支点でクラブを回してみよう

クラブを右手に持ち、右ヒジを下に向けたままで、クラブの重みにまかせて振ってみよう。

重心を利用すれば、フェースが自然にターンする

球を真っ直ぐ飛ばしたいと思って
フェースを真っ直ぐ動かすのもNG

フェースのトゥに当てる練習をすると
クラブの本当の使い方がわかる

これは第5章で紹介する練習法のひとつとして取り上げたかったのですが、フェースターンなどのフェースの使い方を正しく理解して頂くためにここで解説したいと思います。

トゥはフェースの芯の先寄りで、この部分に意図的にボールを当てることを意識すると、自然とスイングが変わる可能性が高いです。

残念ながら、多くのアマチュアゴルファーはフェースのヒール寄りに当たってしまっています。

インパクトで上体が起きて手元が浮き上がり、フェースが開くのがその原因です。

スライスばかり出て仕方がないという人は、トゥに当てる練習をしてみてください。

トゥ寄りで打とうと思うと、アドレスの前傾角度をキープしやすくなります。

ゴルフクラブの特性のひとつであるライ角をキープすることが容易となるのです。

インパクトでの上体の起き上がりがなくなって、ハンドファーストに打てるようになります。

やってみると、トゥに当てるのがどれだけ難しいかがよくわかります。

それだけ前傾姿勢が崩れて、ハンドファーストに打てていなかった証拠です。

インパクトでフェースが開くと、絶対にト

ゥには当たりません。

前傾角度のキープとハンドファースト、それにグリップ支点の振り子運動などの条件が揃わなければ、「トゥヒット」はできません。

トゥに当てようと思うとフェースターンしやすい

不思議に思うかもしれませんが、道具の使い方の意識で勝手に体の動きが変わることが理解できます。

フェース面にインパクトシールを貼って、打点をチェックするのもいいことです。

とりあえずはフェースの芯よりも先に当てることに集中しましょう。

トゥ側に当たる回数が増えてくると、球筋がスライスかストレート、もしくはドローに変わってきます。

ドライバーも然りです。シャフトが長いクラブだけにフェースの芯に当てるのが難しく、しっかりと当てようとしてグリップ支点の振り子運動ができない人が多くいます。

それもインパクトで上体が起き上がり、グリップがアドレスよりも高くなってヒールに当たってしまうのです。

フェースが開きますから、球筋は当然スライスです。

ドライバーもトゥ寄りに当てることを意識すると前傾角度をキープでき、ハンドファーストにとらえられるようになります。

プロたちはドライバーで飛距離を出したいときは、「芯よりもやや上のトゥ寄りに当てるイメージで打つ」とよくいいますが、そのようなスイングができるようになるのです。

トゥに当てる意識を持って練習しよう

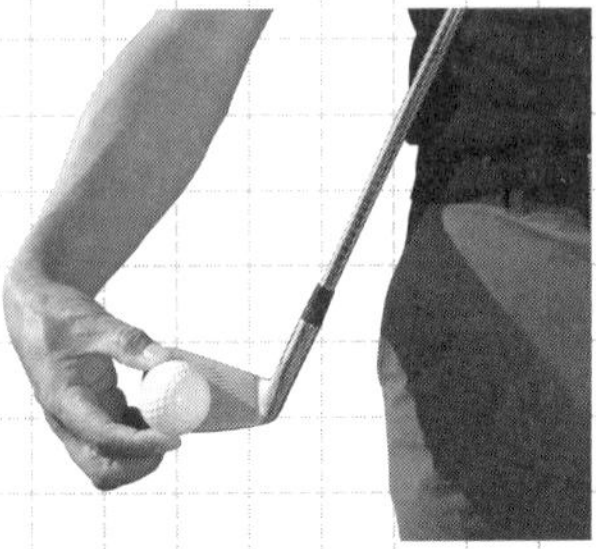

フェースの芯よりも先側でボールを打つ練習をすると、スイングがどんどんよくなる

前傾キープが絶対条件

アドレスの前傾角度とグリップの高さをインパクトで再現すれば、トゥに当たるようになる

上体が起きるとトゥに当たりにくい

前傾角度が保てず、インパクトで手元が浮き上がるとフェースが開いて、ヒールに当たってしまう

「グリップが先にゴール」が大原則

加速しようとするクラブヘッドに追いつかれないことが大事。
「ハンドファースト＝フェースターン」の公式を頭に入れておこう

「トゥヒット」はハンドファーストが条件

グリップがリードしてトゥに当てる

グリップに早く追いつこうとするクラブヘッドの加速によってフェースがターンすれば、トゥに当てやすくなる

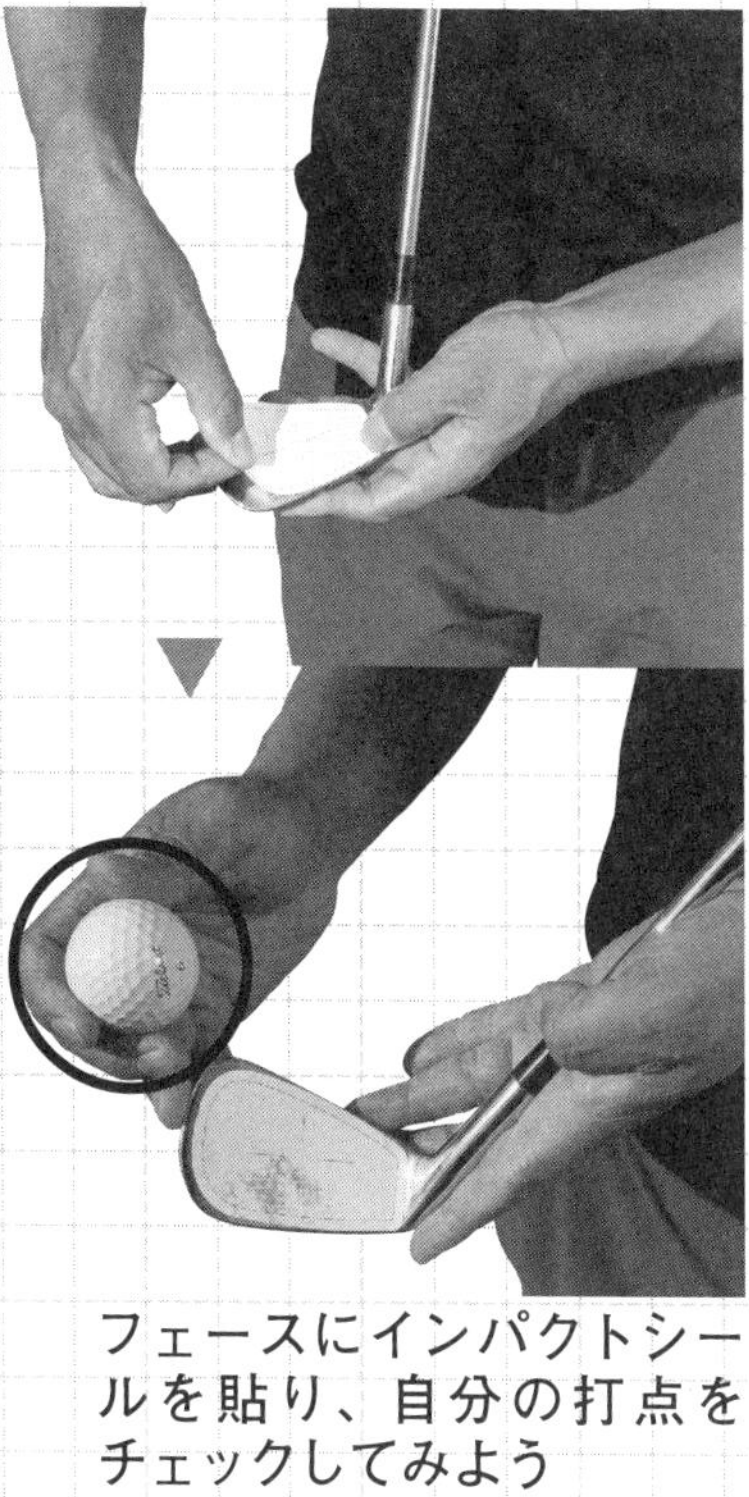

フェースにインパクトシールを貼り、自分の打点をチェックしてみよう

ドライバーもトゥヒットを心掛ける

✕

上体が起きて手元が浮くと、フェースが開いてヒールに当たる。これがスライスの原因だ

前傾角度をキープしてトゥで球をヒット

手元の高さをキープし、ハンドファーストにとらえてトゥに当てよう。この練習をすると球筋がスライスからドローに変わる

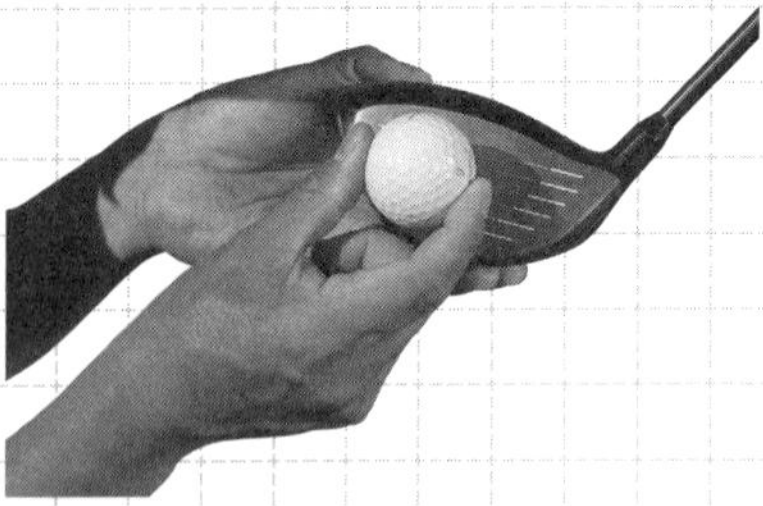

芯よりもやや上側のトゥ寄りに当てることを目標にするといい

第3章

グリップ支点を
コースで応用するコツ

コースの色々な場面でどんな円弧を描くかをまずイメージ

コースプレーでは様々な状況への対応力が求められます。

レッスン書では「悪いライからの打ち方」とか「斜面ではこう打つ」など、状況対応としてショットの打ち方が詳しく解説されていますが、肝心なことを忘れていないでしょうか？

その状況に対して、体をこう動かすとか腕をこう振るなど、大体のイメージがつかめていても、円軌道のイメージができていないとボールにうまく当たりません。

たとえばボールがディボット跡に入ってしまったとしましょう。

この場合、ボールを中に置いて体重を左足に多めに乗せて、ボールを上から鋭角に打つのが一応の基本ですが、クラブヘッドの円軌道のイメージがないとフェースの刃が刺さるだけで大ダフリとなる可能性があります。

遊園地のバイキングの下降する船を、もう一度思い浮かべてみてください。

最下点に向かって加速していく中でボールをとらえ、クラブヘッドが低く長く抜けていき、それから上昇していくように円を描くイメージを持ちましょう。

どんな状況でもグリップ支点の振り子運動を実行することが大切です。

打つ前に円軌道をしっかりイメージ

ディボット跡などは、左足寄りの円軌道を想定してスイングするといい

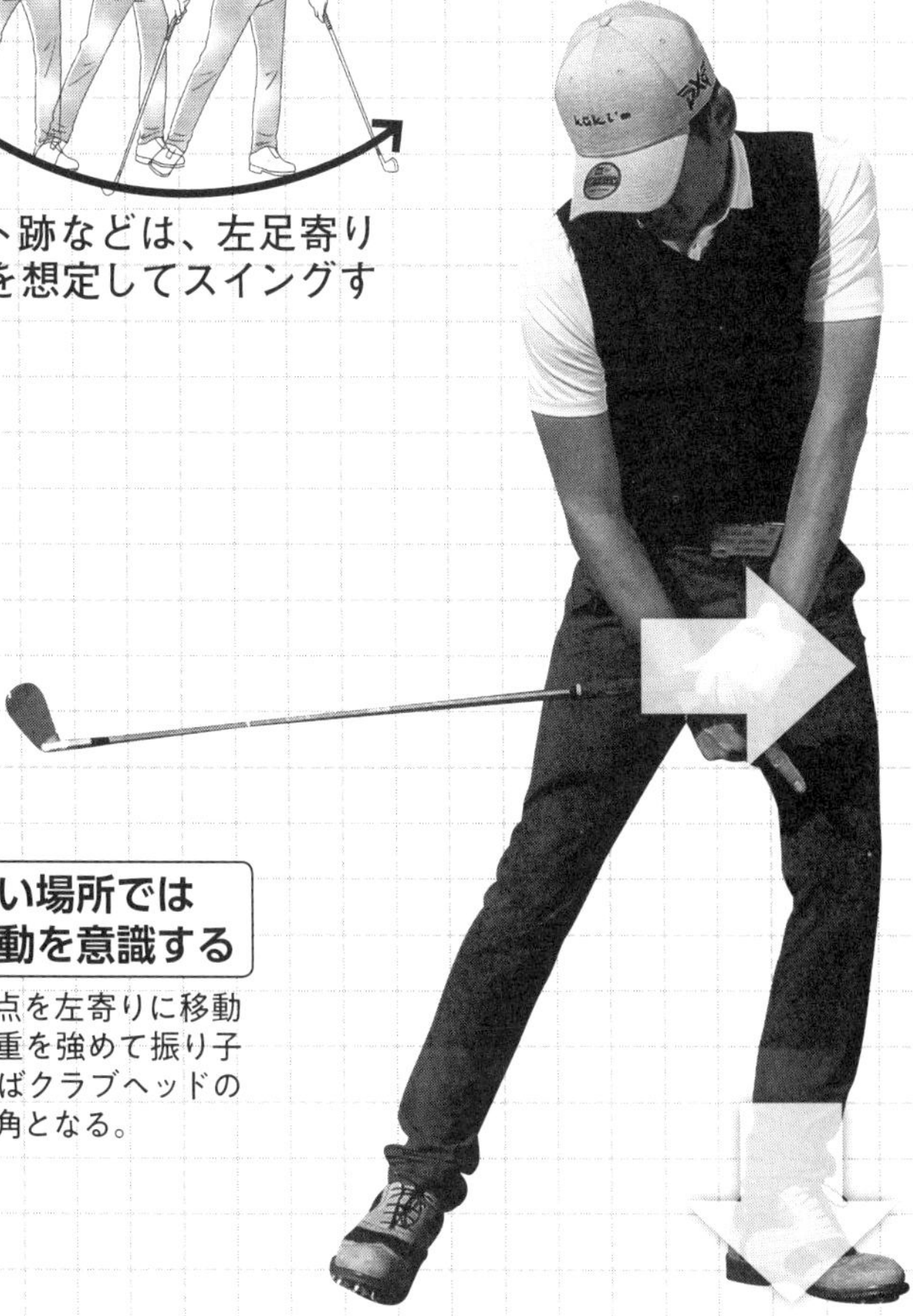

ライが悪い場所では支点の移動を意識する

グリップ支点を左寄りに移動し、左足荷重を強めて振り子運動をすればクラブヘッドの入射角が鋭角となる。

斜面ショットでは目で見て円弧を形成しよう

今度は斜面からのショットを考えてみましょう。

この場合ももちろん、場面ごとにどんな円弧を描くかをイメージすることがとても大事です。

グリップ支点の振り子運動を形成するのですから、最初にグリップ支点を決めるようにしましょう。

プロやシングルゴルファーたちが、傾斜地のように下半身をあまり動かせない状況で何をしているかというと、まずグリップ支点を決めているのです。

基本は斜面に対してなるべく平行に立って構えることにありますから、左足上がりの場合は低いほうの右足に体重を多めに乗せて構え、アドレスの右足体重のままで斜面に沿ってスイングしましょうといいます。

距離を落とさないために斜面に逆らって打ち込むケースもありますが、ここでは斜面に逆らわないバージョンと考えてください。

一方の左足下がりも同様で、低いほうの左足に体重を多めに乗せて構え、左足体重のままでスイングするのが基本と教えられるでしょう。

ところが打ち方の基本を知識として頭に詰め込んでいるのに、ほとんどのゴルファーがうまく当たらないと嘆いてしまうのは、グリップ支点を決めないままで打とうとするからです。

打つ前に芝を軽くこする素振りで円弧をイメージ

そもそも多くのゴルファーは、円弧を形成しようとする発想に乏しいのです。

左足上がりや左足下がりの打ち方などの技術的な話はあまりいりません。

振り子のイメージができてない人に、技術的な説明をしても意味がないからです。

傾斜の度合いに合わせて、下半身を安定させてバランスよく立つことも大事ですが、まずは傾斜に応じてどんな円弧を描くか、振り子の運動を先にイメージしましょう。

そして、ショットを打つ前にボールの近くで素振りを数回繰り返しましょう。

大切なポイントはクラブヘッドのソールで芝を軽くこする素振りをすることです。

これでボールをどこにセットすればいいかも把握できますし、その傾斜に適応したスイングで打てるようになります。

グリップ支点を基準にしてインパクトゾーンを決めれば、体も自然に動くようになるのです。

体の動きを先に考えて、グリップ支点を無視しては、斜面に適応したスイングがいつまでも身につきません。

体の動きばかりに意識がいって、クラブの動きに意識がいかないというゴルフからもう卒業しましょう。

斜面ショットでは円軌道をしっかりイメージ

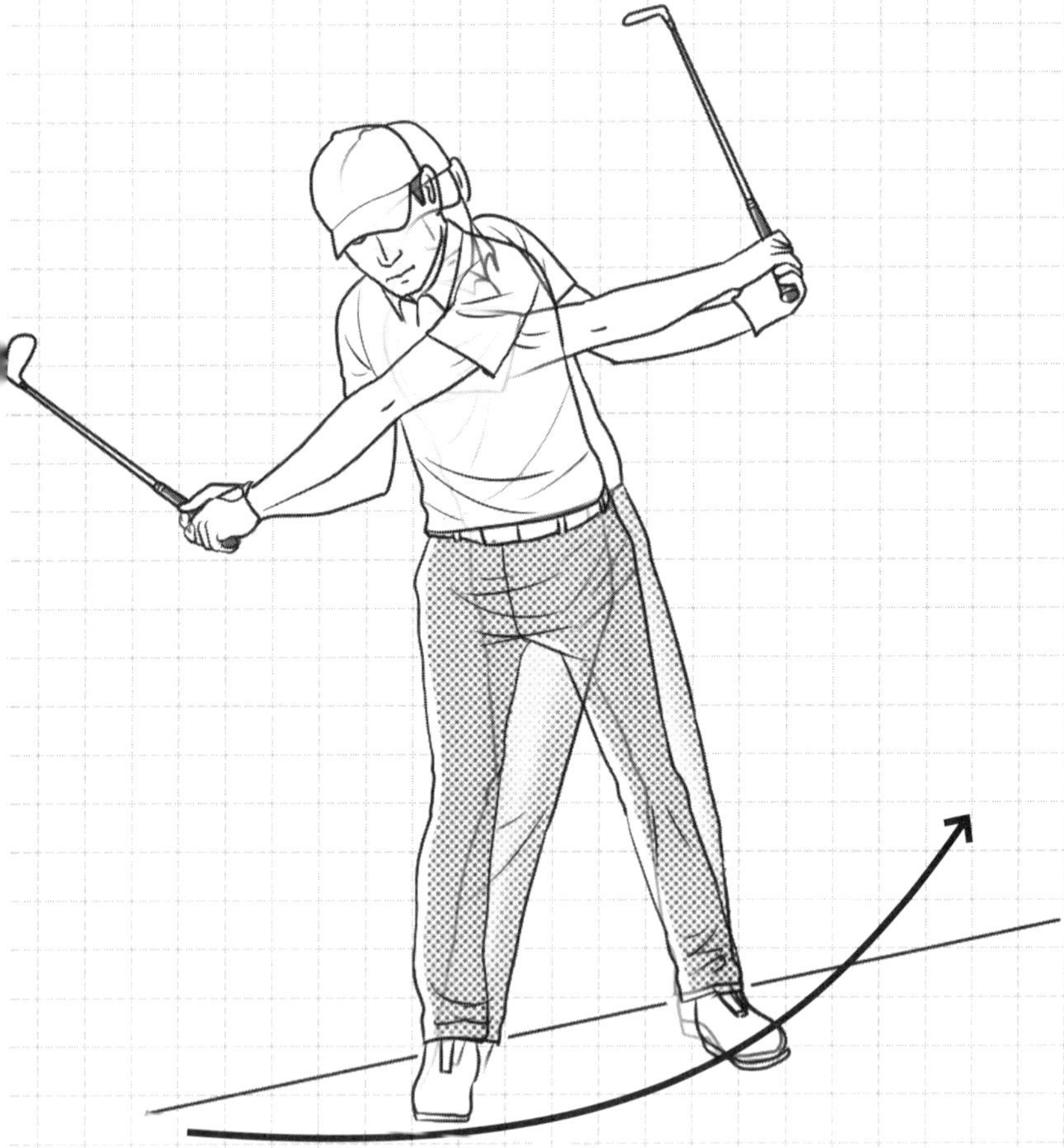

左足上がりで体をどう動かしてスイングしようかと考えるよりも、どんな円弧を描くかを先にイメージすることが大事

グリップ支点を決めて振り子運動を実行する

打つ前に素振りを数回繰り返し、斜面にマッチした円軌道を把握すればミスショットは防げるはずだ

アプローチもクラブヘッドにハンディをつけることが大事

アプローチはノーコックで打つのがいい。そのように考えるゴルファーが多くいます。

振り幅が小さいですし、手首を固めてスイングすれば、フェースをスクエアに保てそうな気がしますよね。

パットの延長と考えることで、アプローチがよりシンプルになるという理屈ですが、アプローチの上手い人は「意識下」か「無意識下」にかかわらず、みんなコッキングを使って打っています。

テークバックではノーコックで上げる人でも、ダウンスイングでしっかりとクラブヘッドにハンディをつけているのです。

アプローチだってグリップ支点の振り子運動の原理には変わりありません。

クラブヘッドとグリップに時間差をつけてボールに対してヒットしていくのがアプローチの上手な人の打ち方です。

初心者のうちは手首を固めたほうが、フェースの芯に当てやすいでしょう。

飛ばす必要もシャフトをしならせてスピードを出す必要もないですから、ノーコックで打つのが簡単に感じるかもしれません。

でも間違った振り子運動が癖にならないようにするためにも、最初から正しい振り子運動を覚えるべきだと私は思います。

アプローチもコッキングを使って打つ

クラブヘッドにハンディをつけるのは同じ

ダウンスイングではグリップがリードし、先にゴールインするイメージが必要

×

手首を固めてノーコックのまま打とうとすると、クラブヘッドが先にゴールインしやすくなる

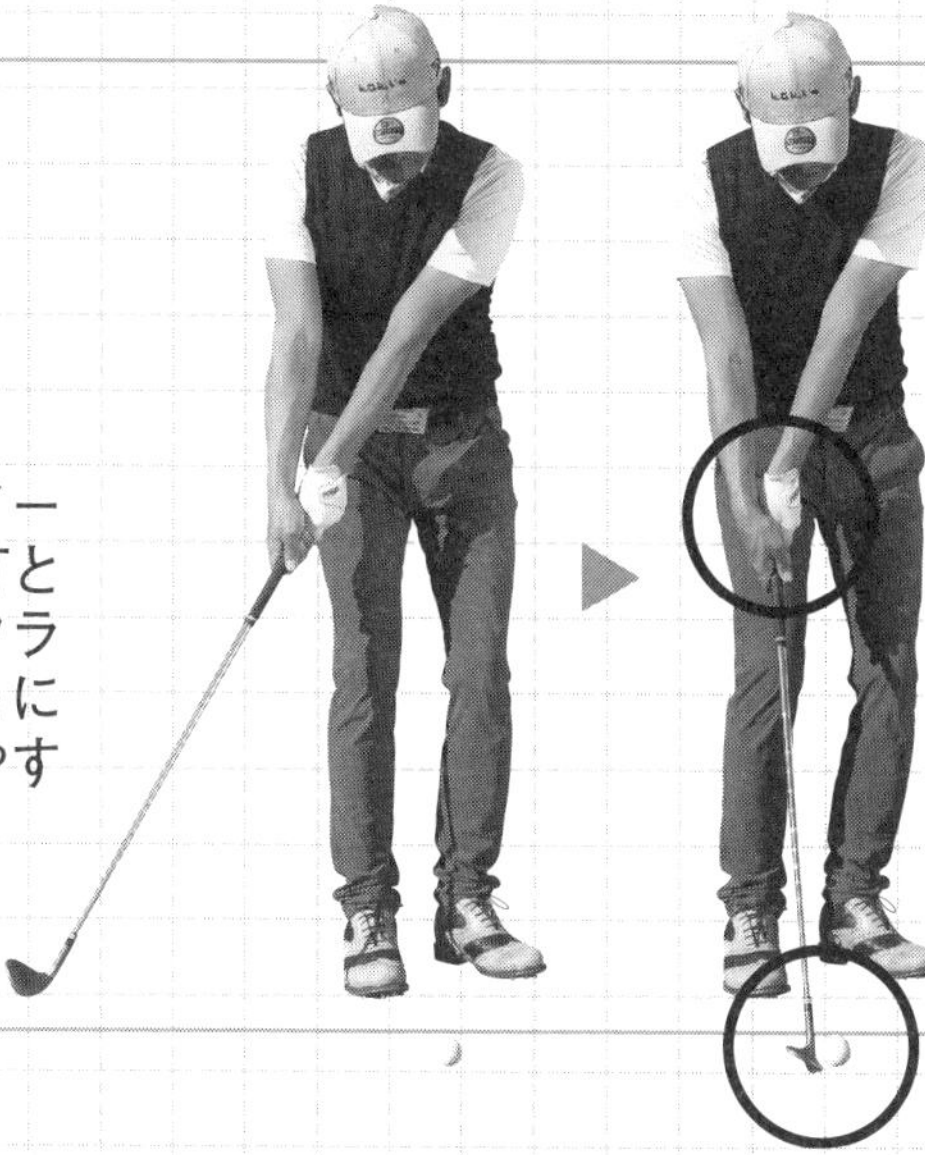

アプローチの「転がす」と「上げる」では支点イメージが違う

前項でアプローチのスイングもクラブヘッドにハンディをつけて、グリップを先にゴールインさせるイメージで打つことが重要と説明しました。

でも、それが当てはまらないアプローチもあります。

皆さんもご存知のプロたちがよく打って見せるロブショットや、高く上げて止めるピッチショットがそれです。

ハンドファーストにとらえ、かつフェースをターンさせながら打つアプローチは、ボールを低く転がしたいときに使うテクニックで、出球が強くなるのが特長です。

ドライバーで飛距離を出したいときのフェース使いと同じです。

低く転がすアプローチと高く上げたいアプローチの一番の違いは、支点の置き所です。

テークバックでコッキングを使ってクラブを上げてクラブヘッドにハンディをつけるのは同じとして、以下のような違いがあります。

・転がすアプローチはグリップ支点が目標側に移動しながらダウンスイングし、グリップが先にゴールインする。

・上げるアプローチの場合は、ダウンスイングからインパクトにかけて、グリップ支点があまり移動しない。

高く上げたいアプローチでは、インパクトでグリップとクラブヘッドがほぼ同時にゴールインするか、ゴール寸前でクラブヘッドがグリップを追い越してしまうイメージです。

高く上げるアプローチは飛ばないドライバーと一緒

ボールの位置にしても、低く転がす場合は右足の前ですし、上げたいときは左足の前にボールをセットします。

クラブヘッドが下降に向かうところでインパクトを迎えるか、上昇に向かおうとするところでインパクトを迎えるかの違いです。

高く上げるアプローチはハンドファーストにボールをとらえず、むしろハンドレート気味にヒットします。

転がすアプローチが構えたときよりもロフトを立てて打つイメージが強いのに対して、上げるアプローチはフェースターンが抑えられますから、ロフトを少し増やしてあげながら打つ感覚です。

いってみればドライバーではＮＧだといわれているような、インパクトでロフトが増えてしまうアッパーブロー型のスイングです。

飛ばせるドライバーと低く転がすアプローチ。飛ばないドライバーと高く上げるアプローチ。両者には多くの共通点がありますし、描く円弧のイメージもほぼ一緒です。

このように道具の視点で考えてみれば、フェースをどう使えばいいかがつかめてきます。

体の動かし方を変えるというよりも、円弧を変えることで球筋をコントロールできるのです。

転がすアプローチは支点が移動

ハンドファーストに打って出球を低くする

ボールを右足の前に置き、ダウンスイングでグリップ支点を目標側に移動。グリップが先にゴールインし、ロフトを減らすイメージでインパクトする

上げるアプローチは支点固定

ハンドレート気味に打って出球を高くする

ボールを左足の前に置き、ダウンスイングからインパクトにかけてグリップ支点がほとんど移動しない。ロフトを増やすような感覚でボールをヒットする

タイガーはパットを打つときもヘッドにハンディをつけている

パットの場合、ストロークのスピードがゆっくりですから、脊柱上部支点とグリップ支点の関連はほとんどないといえます。

しかし、手でパターを持っている以上はグリップ支点が存在します。

グリップのスピードと、ヘッドスピードの差が一番少ないとはいえ、手元とパターヘッドを一緒に動かそうと考えないことです。

手元よりもパターヘッドのスピードのほうが速いのですから、パットにもコッキングが入るのが正解です。

手首を固めてノーコックで打つのがいいと考える人もいますが、それはナンセンスです。

ダウンスイングでグリップとパターヘッドが同じ場所からスタートしたら、パターヘッドのほうが外周ですから走る距離が長いとはいえ、パターヘッドが先にゴールしてしまうとフェースの芯に当たらなくなります。

タイガー・ウッズのようなパット巧者のストロークをじっくり観察してみると、ダウンスイングでパターヘッドにハンディをつけていることがわかります。

パットの上手い選手は皆そうです。コッキングを完璧に封じ込んでいる人はいません。

コッキングを使うイメージはないかもしれませんが、グリップ支点の振り子運動がきちんとできている人は本能的にコッキングが作動するのです。

パットは「ショットの極小バージョン」ですから、振り子の原理には変わりません。

タイガーがあれだけ小さいテークバックでも転がりがよく伸びるパットが打てるのも、コッキングを入れて打っているためです。

パットやアプローチでイップスになってしまったという話をよく耳にします。それはグリップ支点の振り子運動がうまくコントロールできていない面があるとは思いますが、一番の原因は「こう動け」と自分でパターに命令するかのようなストロークをしてしまうからではないでしょうか。

パターが主で、自分は従なのです。

パットを打つときも、グリップ支点の振り子運動をしっかり意識しましょう。

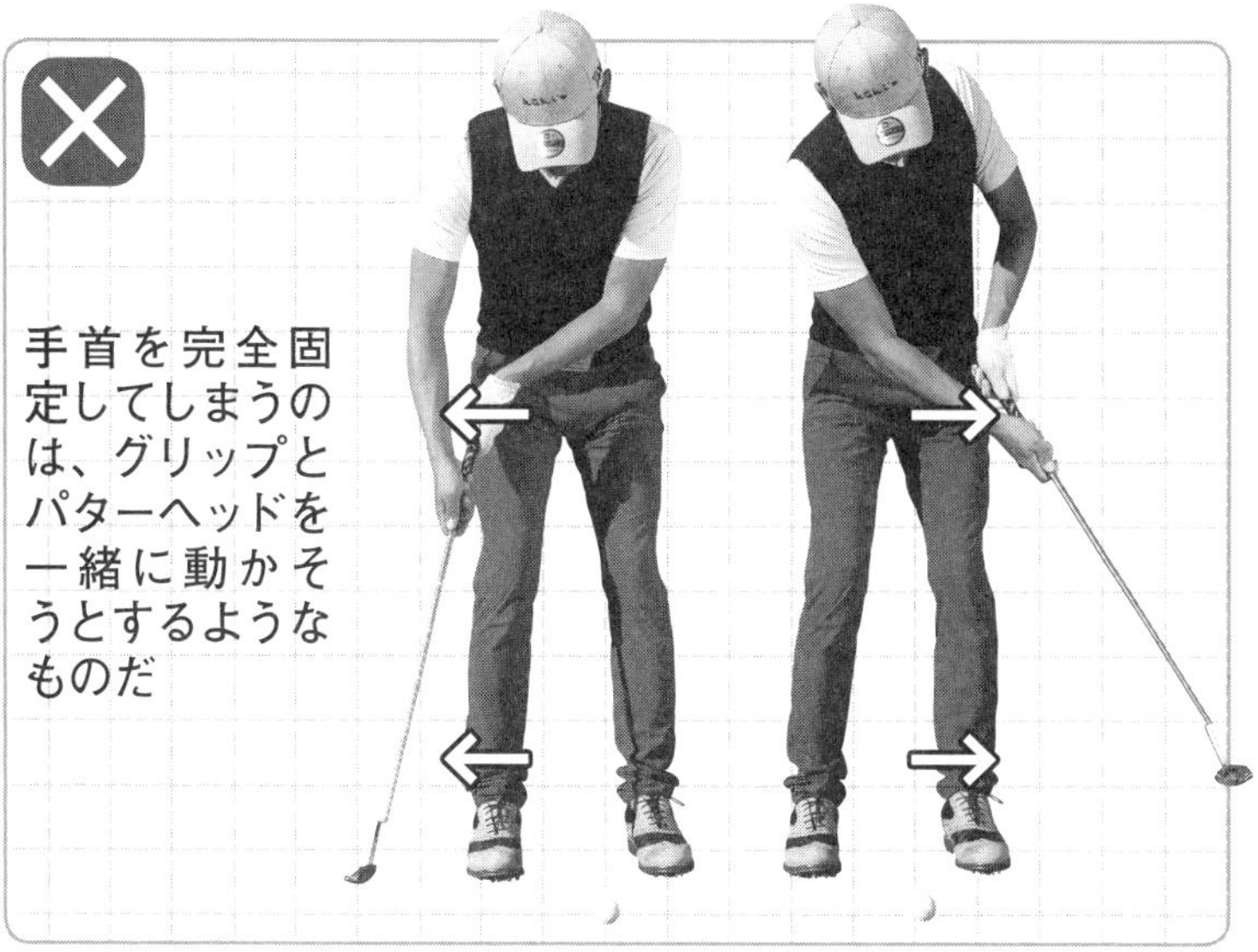

手首を完全固定してしまうのは、グリップとパターヘッドを一緒に動かそうとするようなものだ

パットもコッキングを入れて打とう

小さいストロークでも ボールがよく転がる

目につきにくい動きでも、パットの上手い人はパターヘッドにハンディをつけて打っているから転がりがスムーズ

「パットは振り子の原理で打つ」というが、本当の振り子運動を正しく理解することが大切だ

第4章

グリップ支点の動きとボディモーションの連動をマスター

巷のレッスンの多くは「第二振り子」の動きの解説だ

第1章の最初でもご説明しましたように、ゴルフスイングには2つの振り子があります。グリップ支点の第一振り子と、脊柱上部あたりを支点とする第二振り子です。

パットに限っては「振り子のように振りなさい」とよくいいますが、ショットに関しては肩の回転とかヒップターンなどのボディモーションのほうに目がいって、第一振り子の運動についてはほとんど語られていません。

私自身もツアープロに対してのコーチングのほとんどは、第二振り子を正確にするためのアドバイスが多くを占めています。

彼らは無意識に第一振り子の動きが身についているからです。

小さいときからゴルフを始めた人たちも同様で、グリップ支点の振り子運動が体に染み込んでいて自然にできている人は、第二振り子の動きに主眼を置くのもいいのですが、あくまでも第一振り子が一番大切だということは忘れないでください。

大人になってからゴルフを始めてボディモーションから教わり、なかなか上達できないでいる人たちはグリップ支点の振り子運動を理解してから、次のステップとして第二振り子の運動をもう一度おさらいし、第一振り子と連動させるコツを覚えるようにしましょう。

第一振り子と第二振り子の連動を覚えよう

2つの振り子のハーモニーが重要だ

グリップ支点の振り子運動をうまくカバーしてくれるようなボディモーションを覚えることが大切なポイント

頭の位置が変わらなければルックアップしてもOK

私は第二振り子の支点の場所を「脊柱上部」と説明していますが、意外にアバウトな支点です。

首の付け根でもアゴの下でもいいですし、頭の周りと解釈して頂いても結構です。

スイング中はアドレスの前傾角度をできるだけキープし、インパクトで前傾角度を再現するのが理想のスイングです。

第一振り子と連動して、第二振り子の支点も固定させますが、「頭をあまり動かさない」くらいの意識でいいと思います。

手と比べて、ボディモーションは不器用で大きな筋肉群を稼働させますから、多少の誤差は許容されると考えてください。

そういう意味での「アバウト」なのです。

たとえば「ヘッドアップしてはいけない」とよくいいますが、これを和訳すると「頭が上がってはいけない」ということになります。

ところがインパクト前に顔が早く目標を向いてミスショットが出てしまうと、「今のはヘッドアップしていたよ」なんて指摘されるでしょう。

これは違うのです。顔が早く目標を向くのは「ルックアップ」であって、インパクト前に顔が目標を向いても、軸の位置がほとんど変わっていなければ全然問題ありません。

脊柱上部付近の支点のブレがなければ第二振り子として正しく機能します。

要はヘッドアップ、つまり上体が起き上がって支点がずれてしまうのがダメなのです。

上体が起きて前傾角度が崩れてしまい、手元が浮くとあとは器用な手でなんとかアジャストしてボールに当てようとする動きになってしまいます。フェースの芯をとらえられない、ハンドファーストに打てない、フェースターンもできないという結果となります。

そうした理由で、「頭をあまり動かさないようにする」という意識は最低限必要です。

第一振り子と第二振り子の連動で効率よくスピードアップ

ドライバーのようにボールを遠くに飛ばすことが求められるショットにおいては、なるべく速く、なるべく大きな円弧を描いてヘッドスピードを上げることが重要なポイントとなります。

その一方でショットの安定を求めるなら、支点の安定性が要求されます。

しかし、脊柱上部付近の支点がなくて、グリップ支点ひとつだけでクラブを振っていては、スイングの円弧が極度に小さくなってしまいます。

かといってグリップを完全固定し、第一振り子を稼働させずに、第二振り子だけでスイングすると大きな円弧は描けても、スピードがまったく出ません。

第一振り子に主眼を置きつつ、第二振り子とのバランスを考えながら練習しましょう。

「ルックアップ」は悪いことではない

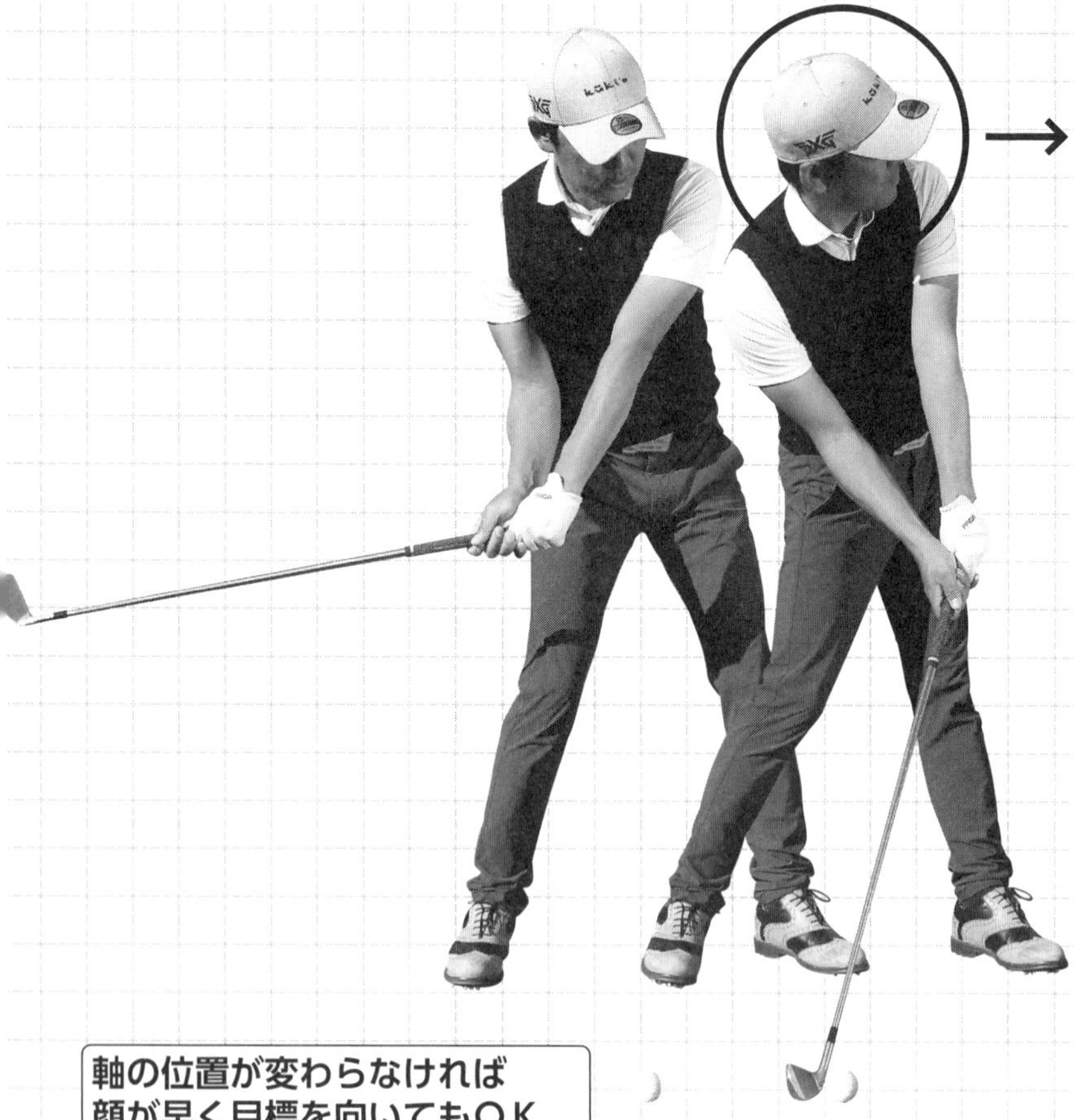

軸の位置が変わらなければ顔が早く目標を向いてもＯＫ

インパクト前に顔が目標を向くのは、ヘッドアップではない。第二振り子の支点のズレがなければ許容範囲といえる

第二振り子の支点はアバウト感覚でいい

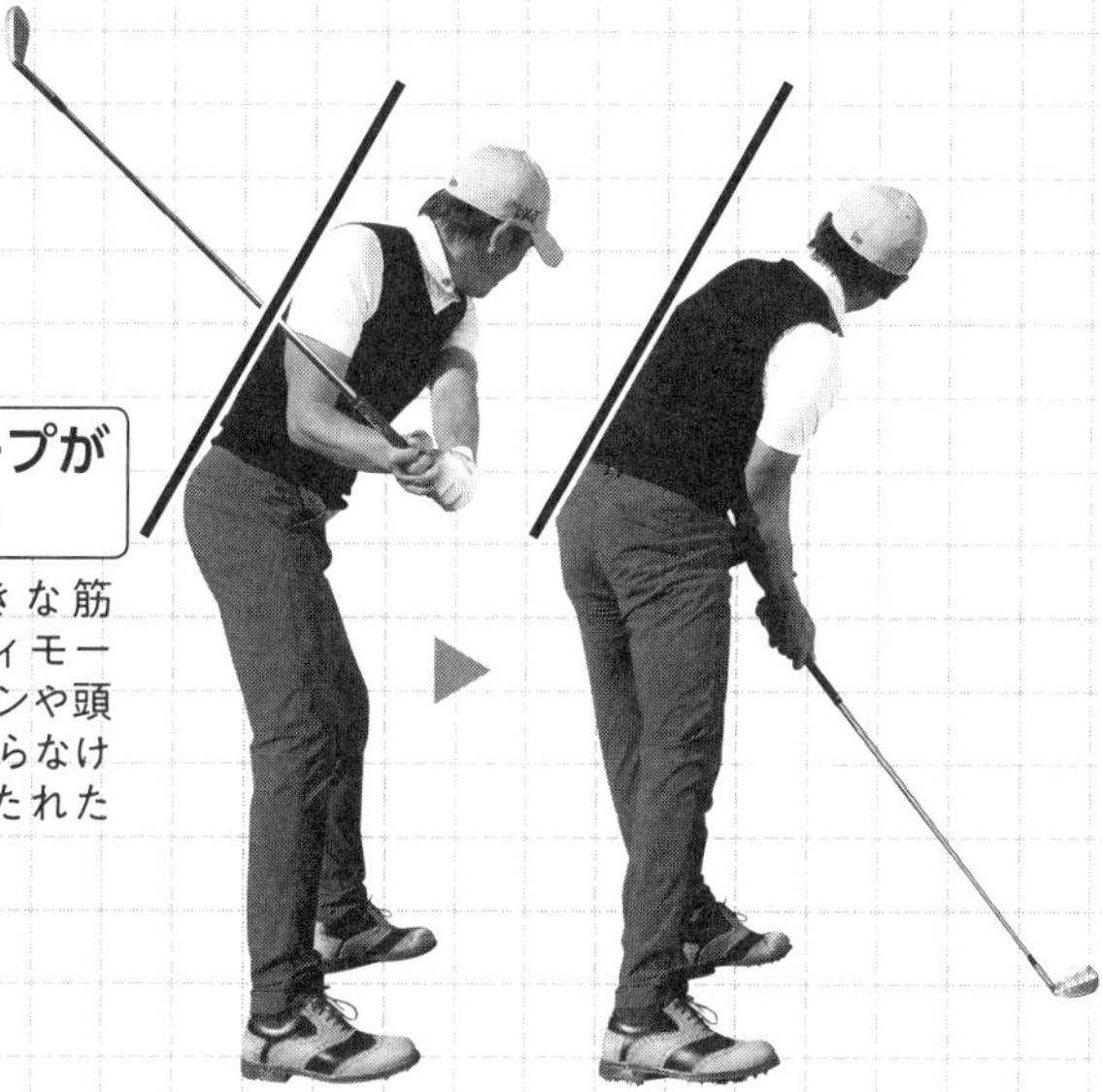

前傾角度のキープが大切なポイント

第二振り子は大きな筋肉群を動かすボディモーション。背骨のラインや頭の高さがあまり変わらなければ支点がほぼ保たれたと考えていい

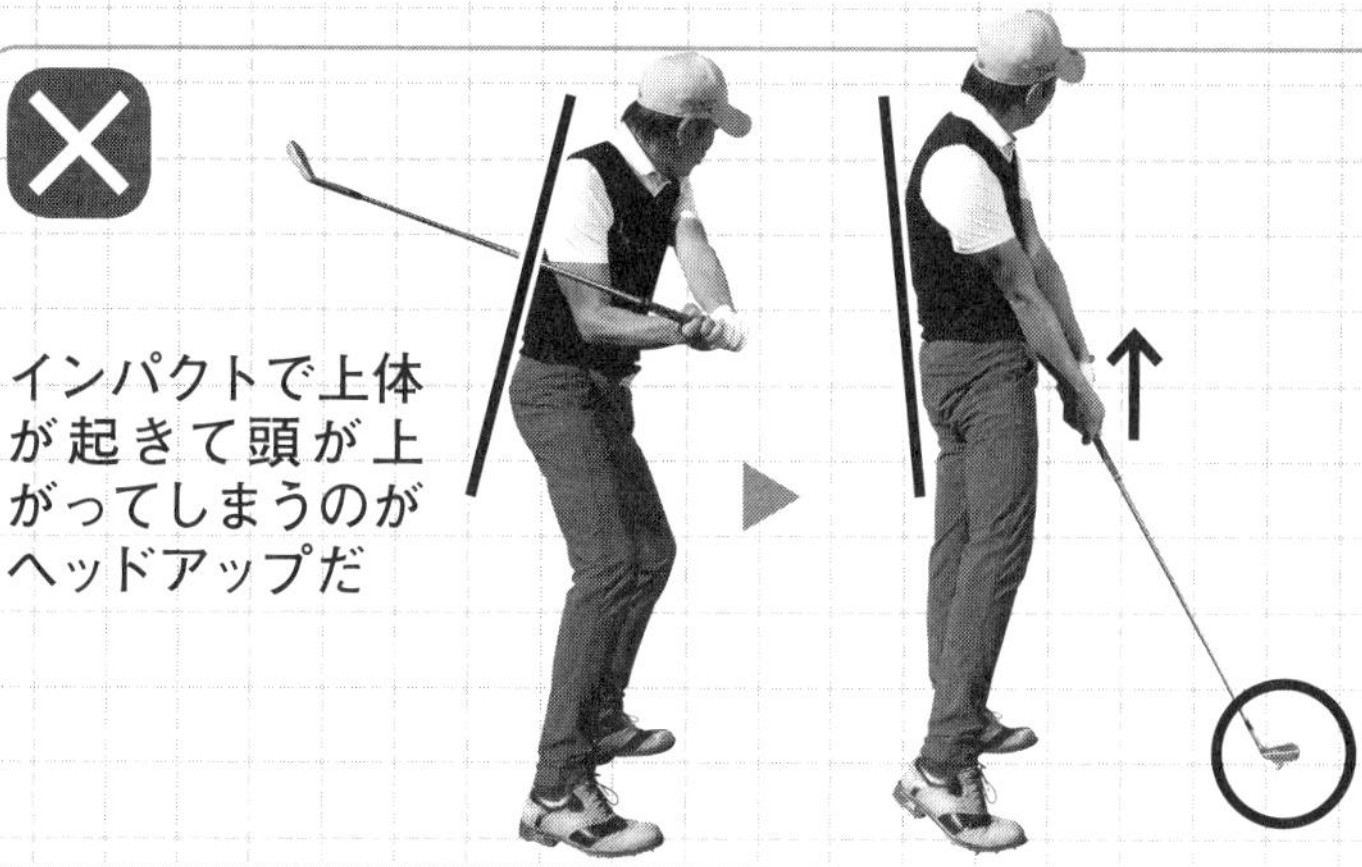

インパクトで上体が起きて頭が上がってしまうのがヘッドアップだ

ボディモーションはハンマー投げ動作でイメージ

ボディモーションについては色々なレッスン書で解説されていますが、多くのアマチュアゴルファーが理解しやすいのはハンマー投げのイメージがいいかもしれません。

第二振り子のボディモーションとは「肩を回す」とか「体重移動を使って体を回転する」などといった机上の計算のような動きではないのです。

室伏広治《むろふしこうじ》選手のハンマー投げの動きをイメージしてみましょう。

ハンマーを両手に持ち、サークルの中で体をグルグル回しながらハンマーの加速スピードをどんどん上げていきます。

遠心力が大きく働くと、ハンマーが進もうとする方向に対して、自分はそれとは逆方向に進むイメージです。

この現象をスイングに当てはめれば、クラブが進みたがる方向と対抗するような形で、体が逆にいこうとすることになります。

要するに体とクラブヘッドの引っ張り合いというわけですが、このように遠心力が働くことでスイングの円弧がきれいに形成されるのです。

自分でクラブを思うままに動かそうとするのではなくて、クラブを物理的に力学的にこのように動かしてパワーを働かせれば、体は自然に正しく動くのだということをご理解して頂きたいと思います。

第一振り子と第二振り子をリンクさせて遠心力を生み出す

ハンマー投げのイメージで遠心力を活用するコツがわかれば、第二振り子のボディモーションの基本の動きも理解できます。

そこでクラブを両手に持ち、ハンマー投げの要領でグルグル回してみましょう。

第一振り子も第二振り子も全開です。形はどうでも構いません。手首を柔軟にして、両手にクラブの重さを感じながら、最大の遠心力を引き出すのです。

グルグル回しているうちに、グリップ内の圧力変化が感じ取れます。

これが第一振り子とうまく連動させるためのボディモーションのベースとなります。

テークバックでクラブをこの方向に上げよう、ダウンスイングはこの角度からクラブを振り下ろそう…など。

そんなふうにスイングを型にはめるのは、もうやめましょう。

自分でクラブの動きをコントロールしようとすればするほど、2つの振り子がうまく機能せず、スイングのバランスが悪くなってしまいます。

グリップ内の圧力変化とか遠心力は感覚的なもので、言葉ではなかなか説明しにくい部分ですが、ハンマー投げのようにクラブを回してみれば、私のいうボディモーションをわかって頂けることでしょう。

ハンマー投げの動きをイメージしよう

遠心力でグリップ内の加圧変化を体感できる

両手にクラブの重みを感じておけば、遠心力によって両手のひらに感じられる圧力変化がよくわかる

大きな遠心力を生むボディモーションの基本

クラブを大きく回してみよう

両手でクラブを持ち、ハンマー投げの要領でクラブをグルグル回してみよう。これが第二振り子のボディモーションの基本ともいえる動きだ

クラブヘッドと体が引っ張り合うイメージを持とう

ハンマー投げの動きをもう少し続けて説明しましょう。

室伏広治選手はサークルの中で、ハンマーの遠心力を利用して体の回転スピードをグングンと上げていきます。

遠心力とはハンマーが遠くに向かおうとする力ですが、大きな遠心力を働かせるには遠心力に対抗する力も働かないといけません。

それが「向心力」です。

つまり、遠くに飛んでいこうとするハンマーを引き戻すパワーです。

体の回転スピードがどんなに速くても、遠心力と向心力が対等であれば、体の回転軸は一定に保たれます。

ゴルフスイングでいえば、クラブヘッドと第二振り子の支点の引っ張り合いです。

ドライバーのように遠くに飛ばしたいほど、遠心力と向心力が引き合うイメージとなります。

クラブヘッドがインパクトに向かって加速し、フォロースルーでリリースが行われるときが遠心力はもっとも大きくなりますが、バックスイングでも多少の遠心力が働きます。

つまり、クラブの重さを利用して回転スピードを上げていくことが大切なのです。

遠心力と向心力が互いに引き合う

クラブと体が引き合えば第二振り子の軸が安定する

クラブヘッドが遠くに進もうとする遠心力と、そのパワーを引っ張ろうとする向心力が互いに作動すれば体の軸が安定し、回転スピードが上がる

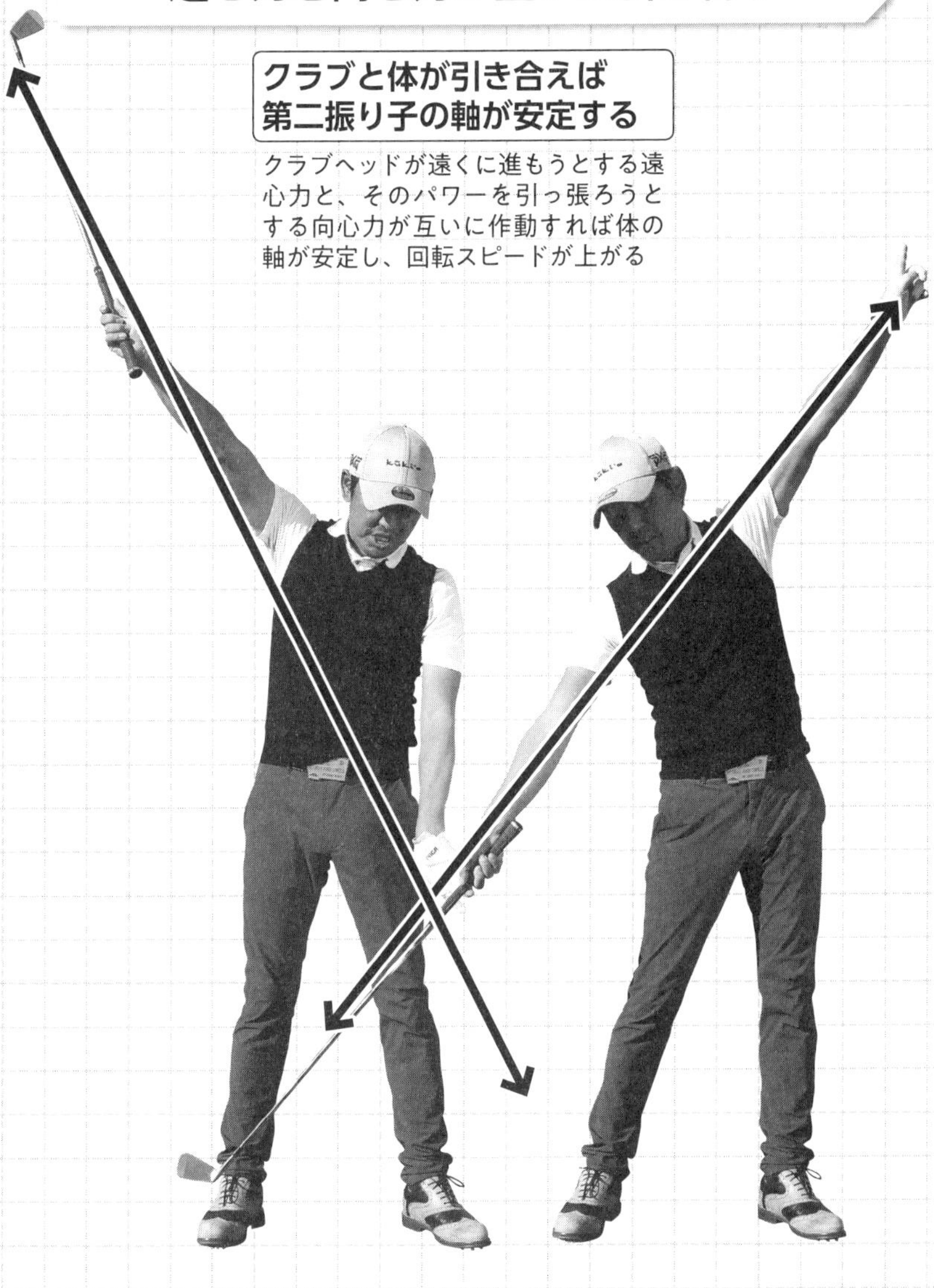

重心の移動方向に対抗して頭が反対に動けばバランスが保たれる

遠心力と向心力の引っ張り合いで第二振り子の支点が安定しやすくなりますが、もし体が遠心力に負けてしまうと支点が大きくくずれて第二振り子を形成できなくなります。

フォロースルーでクラブヘッドの遠心力にまかせて体も同じ方向に進もうとすると、体が目標方向に倒れてしまいます。

遠心力と体の重心が目標方向に向かおうとするときは、頭がその反対方向に動かないといけません。

つまり、上体を右に倒して頭を右側にキープするのです。

こうした体勢を作ることで向心力が働きやすくなり、遠心力と引っ張り合うパワーが生まれてバランスが保たれます。

バックスイングも同様です。フォロースルーほどの大きな遠心力は働かないとはいえ、クラブが向かおうとする方向に頭が一緒に動くと、やはり体がよろけてしまいます。

この場合もクラブや体の重心が進もうとする方向の逆側に頭を動かすイメージが必要です。

一見ギッタンバッコンの動きに見えますが、実は頭はあまり動いていないのです。

第二振り子の支点が安定し、理にかなったボディモーションを実行できるわけです。

頭は遠心力が働く方向と逆に動く

頭が反対に動くから大きなパワーが生まれる

クラブヘッドをどんどん加速させるときは、パワーを推進する方向とは逆サイドに頭が動く。これで遠心力と向心力のバランスが保たれる

バックスイングでは上体が左に傾く

最初に直立の姿勢になり、両腕を水平に広げよう

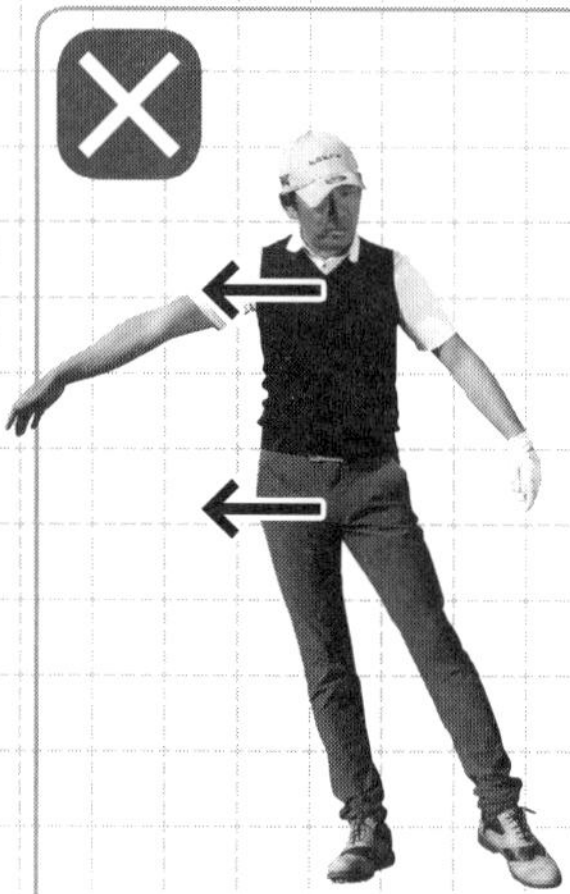

頭が重心の移動方向に一緒に動くと、バランスが崩れてしまう

体の重心が右に移動するときは頭が左に動く

バックスイングではクラブの重みを利用して上げることで重心が右足のほうに移動する。体のバランスを保つためには頭が左に動くことがポイント

体の回旋を抜きにした動き

フォロースルーでは上体が右に傾く

フォロースルーでは頭が重心方向に流れると体が倒れてしまうほど、スイングが安定しなくなる

クラブの遠心力が働いて重心が左足に移動する。バランスを支えるには頭が右側に動くイメージをしっかり持つことが大切だ

体の回旋を抜きに考えると、正しい動きがわかる

肩の回し方の誤解をなくして正しいボディモーションをマスター

　遠心力と向心力の引き合いで第二振り子の支点やボディモーションが安定することを繰り返し説明しましたが、それがなかなかうまくできないという人は、体の回転を間違えているのです。

　バックスイングでは、クラブと体の重心が右に移動する方向と逆側に頭が動きます。上体が少し左に傾く感覚です。

　見ようによっては左肩が下がっていて、捻《ねん》転《てん》が浅いように思うかもしれません。

　でも、これが正しいボディモーションなのです。

「体の回し方」という定義付けは、私はあまり好みませんが、クラブヘッドの遠心力にまかせてボディモーションを作動し、第一振り子をフル稼働させれば、体が勝手にそのように動くのです。

　なぜそうなるかというと、アドレスで上体を前傾させているからです。

　クラブのライ角があって、地面の上のボールを斜めの角度でスイングしてボールに当てる以上、クラブの特性に合わせてスイングすれば体がそう動くのが正解なのです。

　では第二振り子のボディモーションを、第一振り子を取り除いてわかりやすく説明しましょう。

前傾角度を崩さないボディモーションのコツ

まず両腕を胸の前で組み、アドレスの前傾姿勢を作ります。

そのまま上体の前傾角度を崩さずに、胸を右に90度回します。

すると左ワキ腹が縮んで、右ワキ腹が伸びる感じがするでしょう。

これを「側屈《そっくつ》」といいますが、側屈によって上体が左に傾き、頭が少し左に動く感覚となるのです。

左肩が下がってアゴの下におさまり、強い捻転が感じられるはずです。

今度は両腕を組んだ姿勢から胸を左に90度回しましょう。

フォロースルー方向への回転ですが、前傾角度をキープすれば今度は右ワキ腹が縮んで、左ワキ腹が伸びてきます。

上体が右に傾いて頭が右に動き、右肩がアゴの下を通過するように体が回転します。

直立の姿勢のままで、胸くらいの高さのボールを打つのであれば、肩を真横に回すだけで打てますが、体を前傾させて地面の上のボールを正確に打つには、「肩を横に回そう」という意識を捨てることです。

肩を地面と平行に、水平に回そうとすると上体が起きてしまいます。

しかもバックスイングでは頭が右に、フォロースルーでは頭が左に流れてしまうのです。

第二振り子の軸はアバウトで構いませんが、ヘッドアップのミスを招くような大きな軸ブレはいけません。

前傾軸に対しての水平回転を覚える

両腕を胸の前で組み、体を左右に回そう

クラブを持たないで前傾角度を作り、上体の角度をキープして回そう。バックスイングでは左ワキ腹、フォロースルーでは右ワキ腹を縮める感覚となる

「肩を水平に回そう」の意識がミスを招く

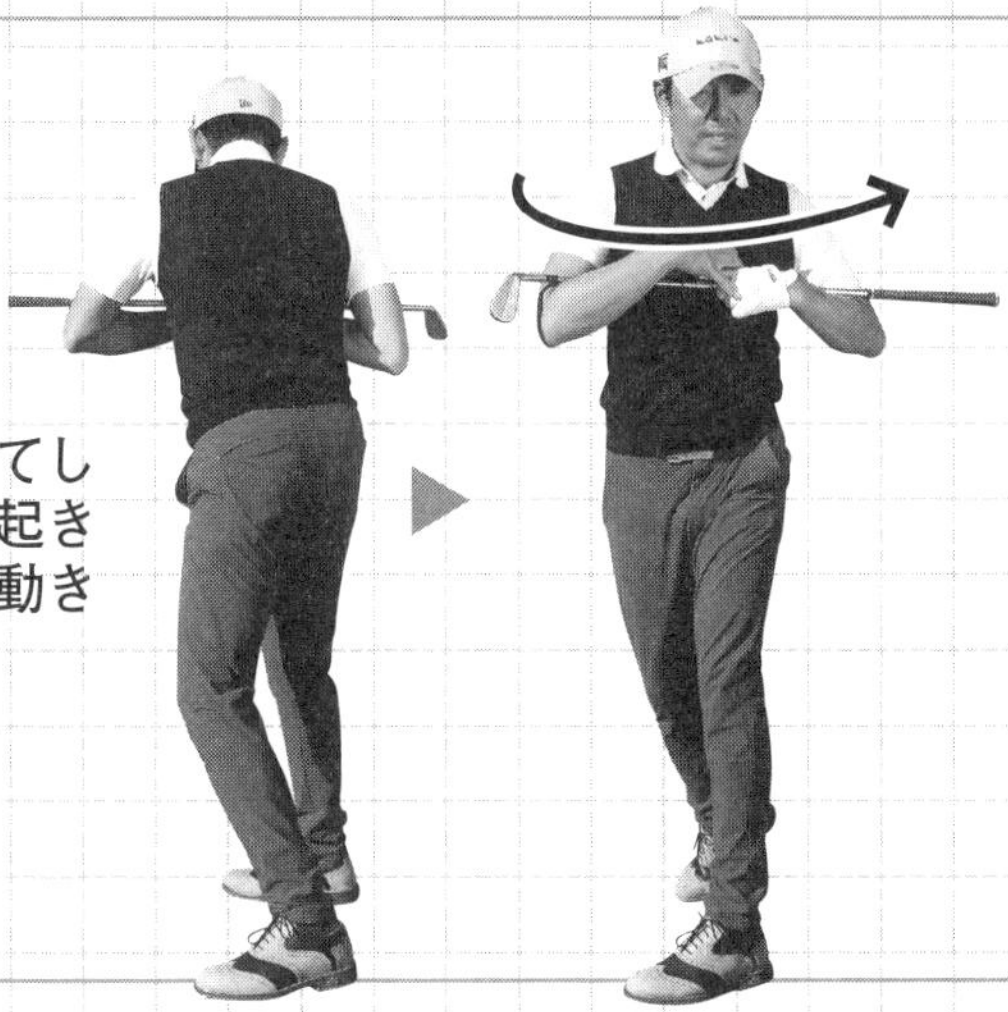

肩を平らに回してしまうと、上体が起きる。頭も左右に動きやすい

頭を無理に止めようとして、頭が下がりすぎるのもNGだ

水平素振りを継続しながら上体を前傾してみよう

では肩はどのように回転するかというと、前傾角度どおり回すのが正解です。

アドレスの前傾角度をキープして回すのですから、厳密には斜めの回転ですが、肩を水平に回す癖が体に染み付いているゴルファーは縦に回すイメージを持つといいでしょう。

前項でも説明しましたように、肩を水平に回そうすると上体がすぐに起きてしまいます。

その時点で、第二振り子の支点が大きなブレを引き起こし、正しいボディモーションができなくなるどころか、グリップ支点の第一振り子の動きも破壊してしまうのです。

正しいボディモーションは軸をしっかり固定してバックスイングで上体が少し右に傾き、フォロースルーは上体が左に傾くという感覚です。ふだん前傾キープできていないゴルファーは、「これって、間違った動きじゃないの？」と疑うかもしれません。

確かにギッタンバッコンのような動きにはじめは感じる人が多いことでしょう。

でもクラブの特性を利用し、遠心力と向心力の引き合いで体のバランスを保とうすれば自然とそのような動きとなりますし、物理的にも力学的にも理にかなっているのです。

バックスイングで左肩が下がって、上体が左に側屈する。フォロースルーでは右肩が下がって上体が右に側屈する。

自分でアゴを下げたり、上体を左右に側屈させたりしているわけではなくて、アドレスの前傾角度をキープしたままで、クラブが進みたがる方向にまかせて体をごくナチュラルに動かしているだけです。

側屈させることで頭が左右に動く感じがするかもしれませんが、実際には頭はほとんどアドレスの位置に保たれます。

体の動き自体は水平素振りと変わらない

体の動かし方を先に考えようとすると、このように誤解が生じてしまいがちです。

私は経験の浅いゴルファーにボディモーションのベースを説明するときに、最初に直立の姿勢で素振りをしてもらいます。

クラブを胸くらいの高さでトップとフィニッシュを往復させる連続素振りを繰り返し、少しずつ上体を前傾していきます。

すると最初は横回転だった肩が、次第に縦回転へと変わり、ワキ腹が伸縮する側屈が自然に発生します。

グリップ支点の第一振り子の動きも、脊柱上部支点の第二振り子の動きも何も変わっていないのに、上体が前傾していくだけで肩の回転などのボディモーションの感覚が変わってくるのです。

スイングがわからなくなったときは、体をどう動かすのがいいかを考えるよりも直立姿勢から素振りを始めて徐々に上体を前傾させていくやり方のほうが、正しい感覚を早く思い出すことができると思います。

最初に水平素振りからスタート

直立の姿勢になり
胸くらいの高さで素振りを繰り返す

両足を肩幅くらいに広げ、グリップ支点の振り子運動を稼働させて、連続素振りを繰り返そう

素振りしながら前傾していく

水平素振りを続けたまま アドレスの姿勢に近づける

肩が次第に縦に近い角度で回転し、左右のワキ腹の側屈が自然に生じる。頭がギッタンバッコンと左右に動いて感じられるが、実際はほとんど動かない。脊柱上部あたりの支点も固定される

すべては前傾軸のキープがカギ

前傾軸がブレなければ第二振り子の支点が安定

正しいボディモーションは脊柱上部支点のキープにある。上体を前傾させて構える以上は、前傾角度を崩さないことが大切だ

スイングがわからなくなったら、水平素振りから上体を少しずつ前傾していくといい

第5章

クラブの正しい使い方を覚えるドリル集

ドリル・1〈遠心力を体感〉5円玉をつけたヒモを回すドリル

第5章では第一振り子と第二振り子の連動の、マスターに役立つ練習ドリルをいくつか紹介します。

腕の振り方や体の振り方を覚えるというよりも、クラブの使い方の学習を通して腕や体の動かし方を理解して頂ければと思います。

まずは、ヒモを5円玉の穴に通して結び、このヒモを右手で持ってグルグル回すドリル。ハンマー投げをイメージした練習法です。

最初のうちはゆっくりと回し、少しずつスピードアップしていきましょう。

速く回しているうちに遠心力が働いてきて、右手の中の圧力変化が伝わってきます。この圧力変化により、遠心力と引っ張り合う向心力をコントロールすることを体で感じることができます。

5円玉のヒモを回す方向は、自分から見て時計の針が進む方向です。

右手を支点にしてグルグル回していると段々スイングに近い動きとなってきて、実際にクラブを持っているかのような感覚となります。

ただし、スイングでクラブを振る方向とは反対側に、つまり時計の針が進む方向と逆に回さないことです。

5円玉のヒモを回して遠心力を体感

ヒモを5円玉の穴に通してグルグル回そう

回すスピードを速くすると遠心力が働いてくる。右手の圧力変化も伝わってくることがよくわかる

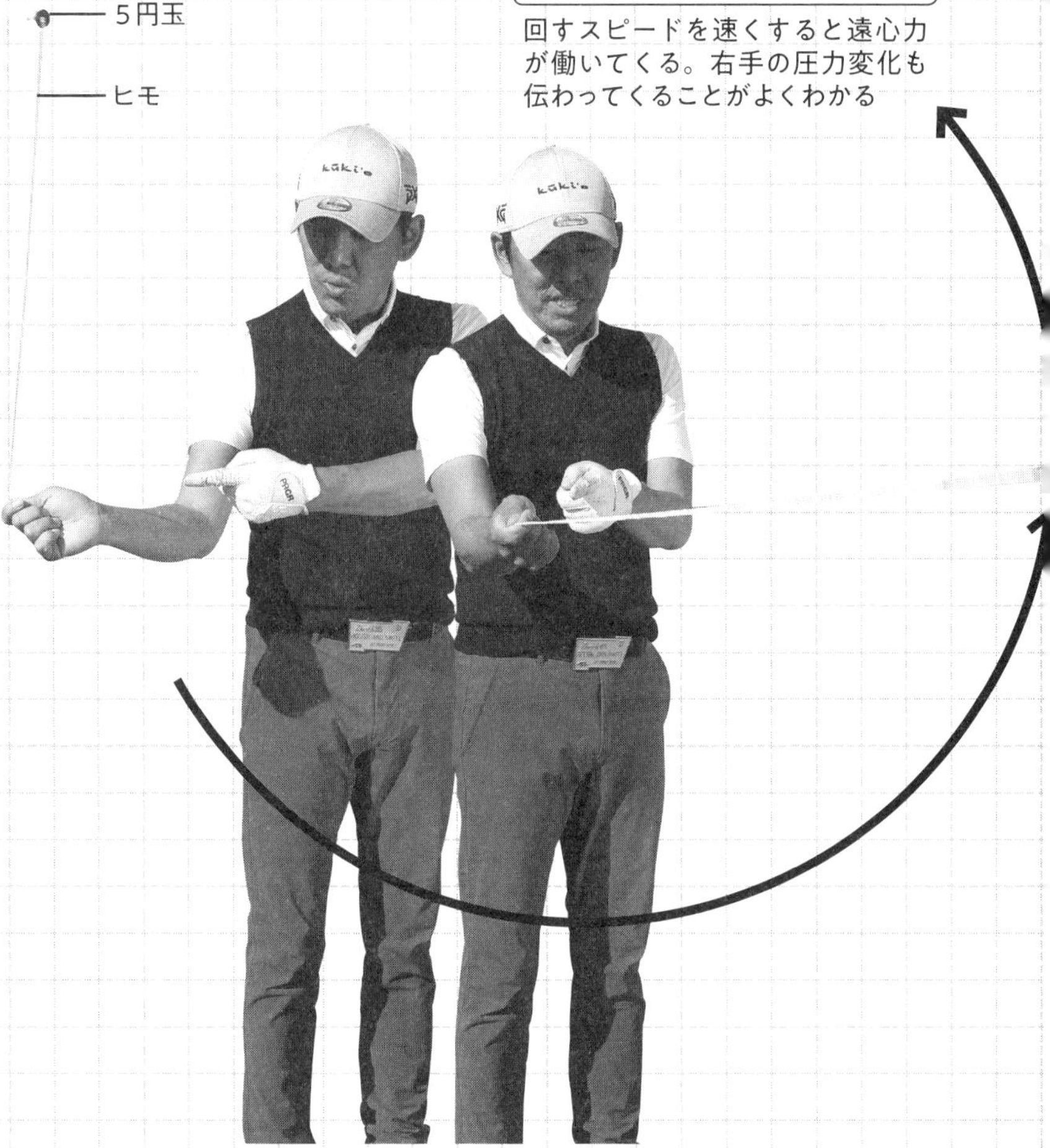

5円玉のヒモをハンマーのように回す

回すうちにクラブを振っている感覚となる

ヒモを大きく速く振っていると、実際にクラブを持ってスイングしているような感覚となる。自宅で簡単にできる練習法として最適

自分から見て右回りさせるのがコツ

右手で持ったヒモは時計回りに振る

5円玉のヒモは実際のスイングと同じ方向に回すのが大切なポイント。グリップ支点の第一振り子の動きのイメージがつかめる

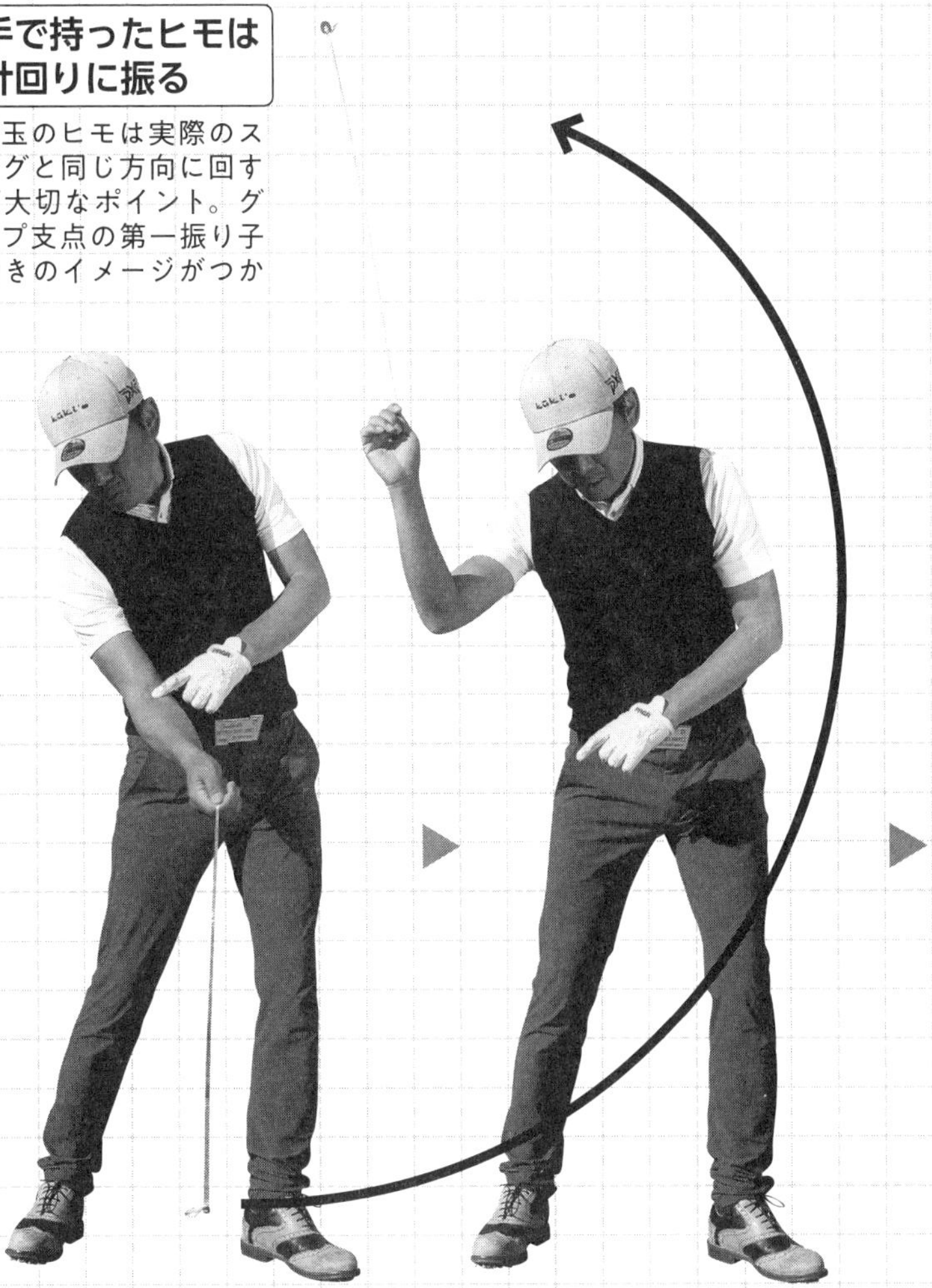

ドリル・2〈グリップ支点を理解する〉椅子に座ってクラブ回しドリル

これも自宅で簡単にできる練習です。ウェッジのような短いクラブを使います。

椅子に座ってクラブを右手に持ち、グルグルと回しましょう。

この場合も、自分から見て右回りです。左手を右ヒジの下に添えて、時計の針が進む方向にクラブを回します。

右手首を固めてしまうと、クラブをスムーズに回せません。

普段からグリップ圧が強い方は、最初はうまくいかないかもしれませんが、続けているうちに右手首が稼働してきてグルグル回せるようになります。

短いウェッジを使うのは危険防止のためもありますが、クラブが重いためグリップ内の圧力変化を感じやすいからです。

右手首の柔軟性を高めたい人は、右手首を支点にして小さく回すようにして、右手首がほぐれてきたら右ヒジを支点にして回すといいでしょう。

手首の柔軟性アップだけでなく、手首の強化トレーニングとしても役立ちます。

このドリルは左手でもぜひやってください。右手で左ヒジを軽く押さえ、左手首を柔らかく使ってクラブを同じように時計の針が進む方向に回しましょう。

クラブを右手に持ってグルグル回す

椅子に座って時計の針が進む方向にクラブを回そう

ウェッジのような重いクラブを使うのがコツ。右手の圧力変化を感じやすい

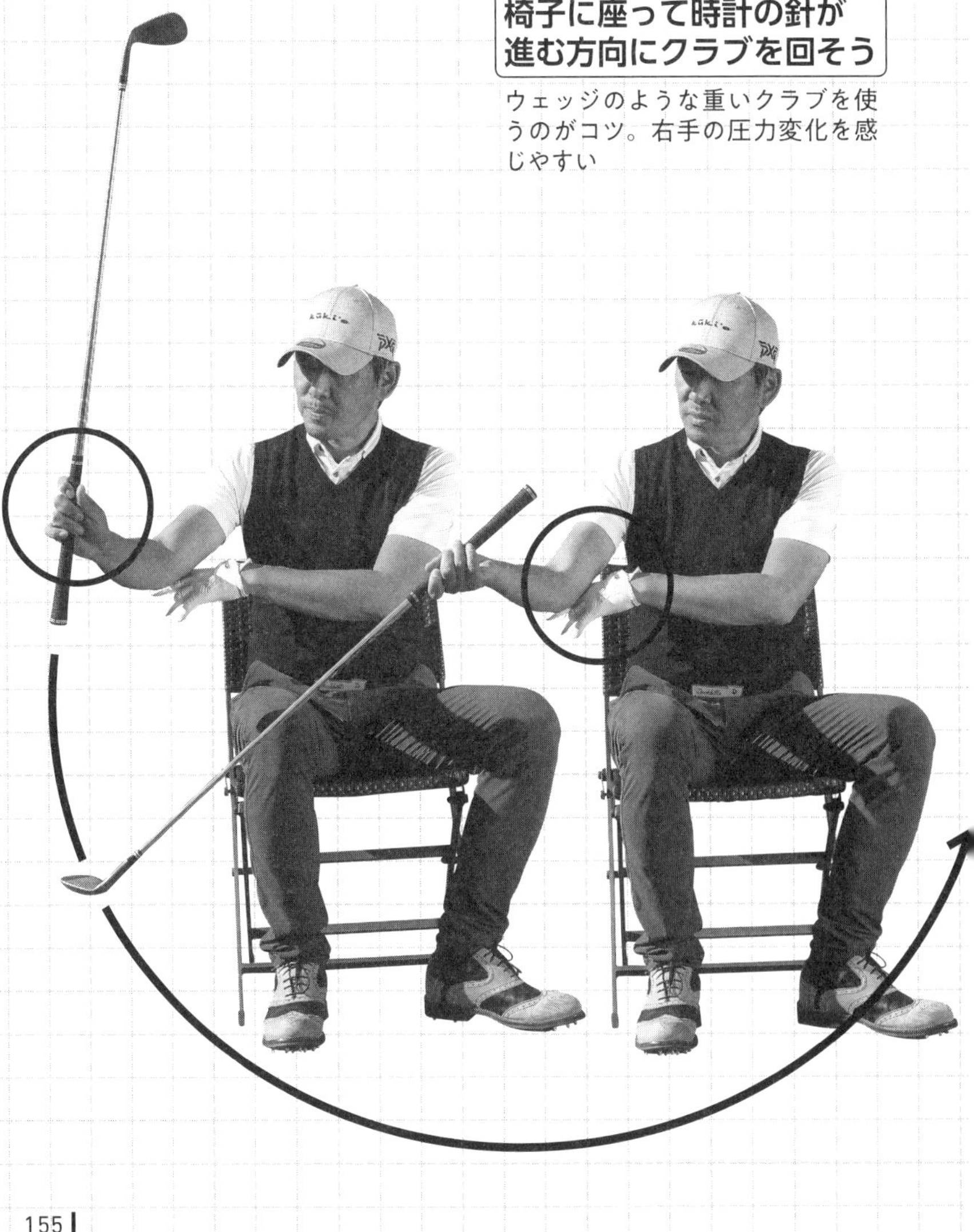

手首の柔軟性アップに効果的

手首を支点にしてグルグルと回す

右手首が硬い人は、右手首を支点にして回す練習から始めるといい。右手首が柔らかくなり、スムーズに回せるようになる

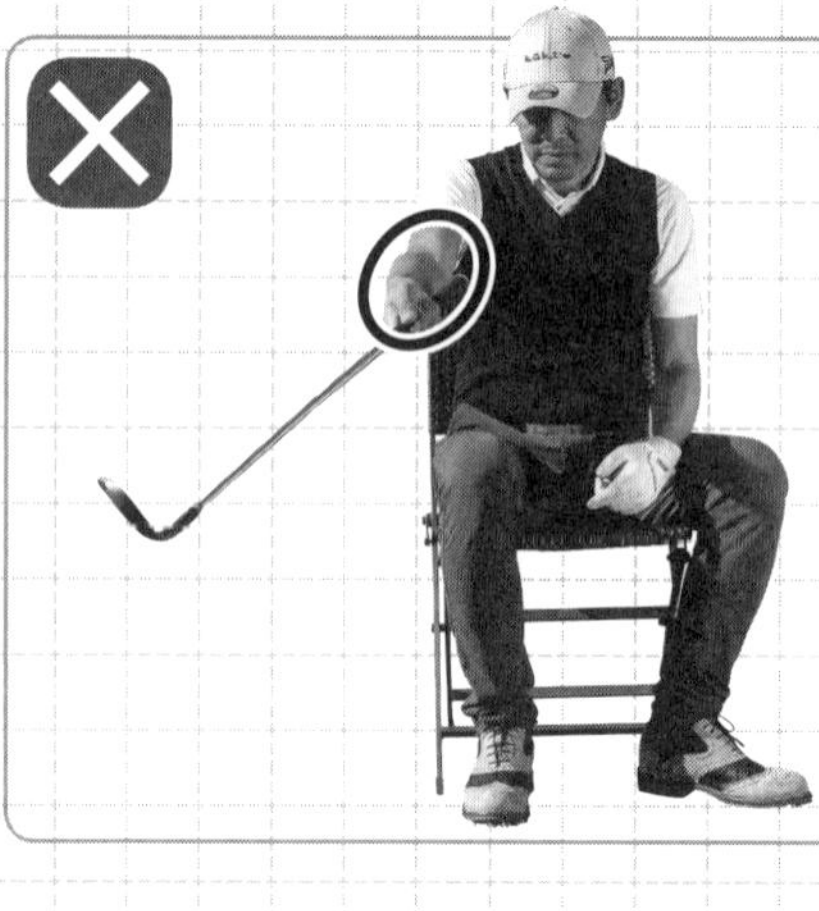

右手首を固めようとするとクラブをうまく回せない

クラブ回しは左手でもやろう

同じように時計の針が進む方向に回す

右手首だけでなく、左手首の柔軟性も必要だ。自分が苦手なほうを多めにやっておくと、両手のグリップのバランスが整ってくる

最後は両手でクラブを持ち、グルグルと回そう。ボールを打たなくても正しい振り子運動のイメージがつかめる

ドリル・3〈グリップ支点の振り子運動を体感〉クラブ右回しドリル

これもクラブを右手に持ってグルグル回す練習です。

最初にアドレスの前傾姿勢を作り、右ヒジの下に左手を添えてクラブを時計の針が進む方向に回します。

左手でクラブを持ってグルグル回す練習でも構いませんが、右手首を支点にしてクラブを回す練習を多く積むことでグリップ支点の振り子運動を理解しやすいですし、早い上達にもつながります。

右手首を柔軟にしてスムーズに稼働させると、トップの位置からダウンスイングへと向かう切り返しのポジションで、右手首の背屈が自然に入ることがわかります。

ポイントは右ヒジを下に向けたままでクラブを回すようにすることです。

切り返しのポジションで右ヒジが浮いたり上を向いたりすると、右手首の背屈ができず、逆の手のひら側に折れやすくなるので注意しましょう。

また、インパクトエリアで上体が浮かないように前傾角度をしっかり保ちましょう。

右手首をグルグル回す感覚がマスターできたら、クラブを両手で持ってボールを打つときも右手首支点の振り子運動が正しくでき、グッドショットの確率がアップします。

クラブ回しの練習は前傾角度をキープ

アドレスの前傾角度
をキープした状態で、
右手に持ったクラブ
をグルグル回そう

インパクトエリア
で上体を起き上
がらせながらクラ
ブを振るのはNG

右手首を柔軟にしてクラブを回す

右手首を支点とした
振り子運動のマスターに
大きく役立つ

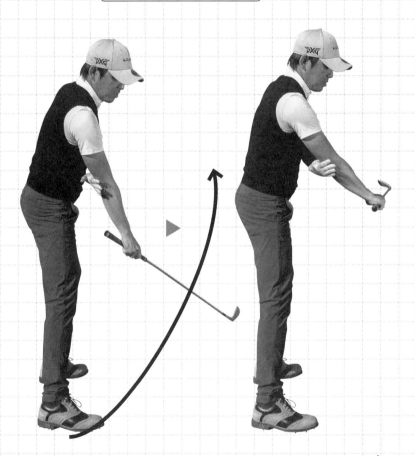

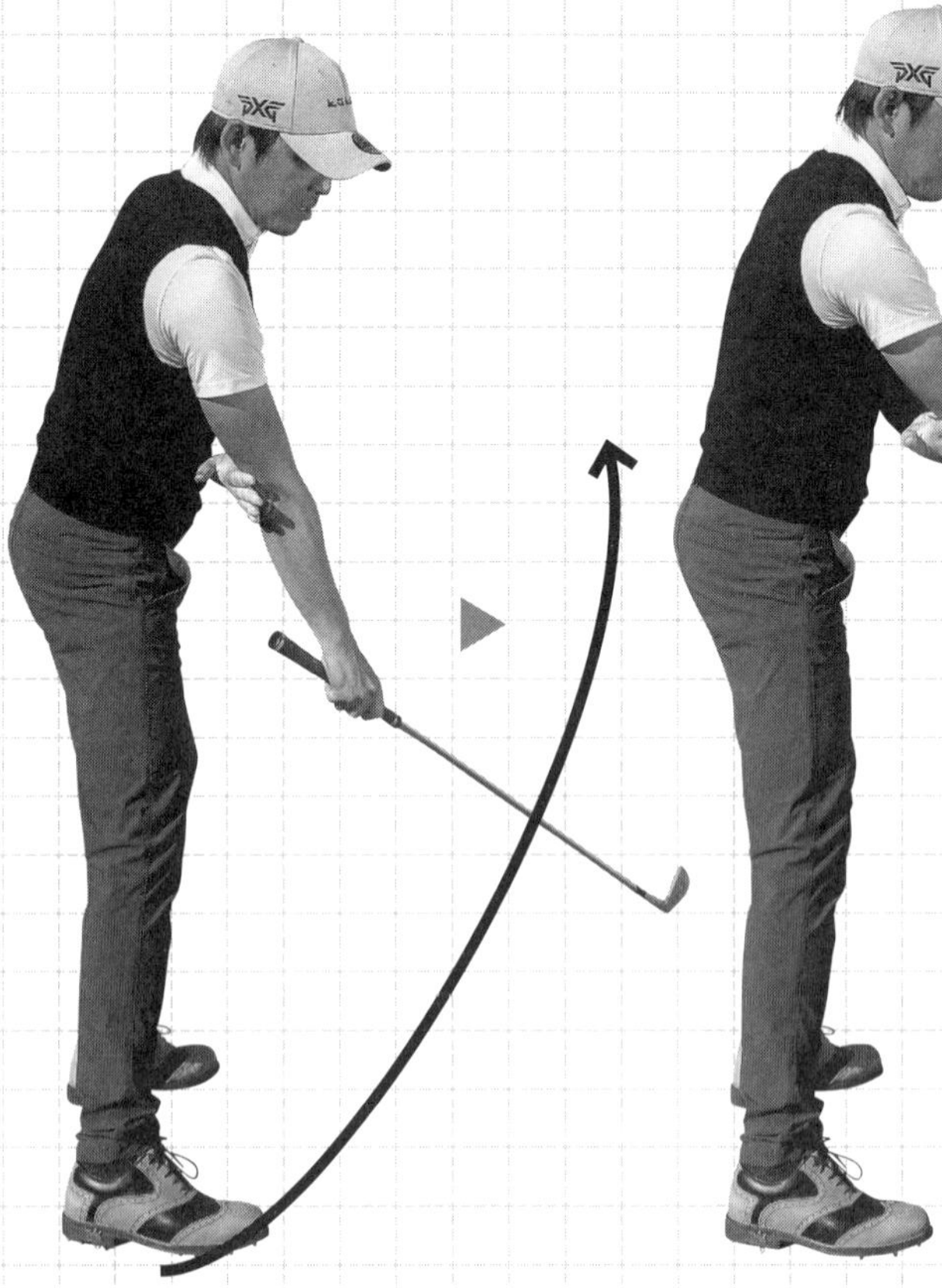

切り返しで右手首の背屈が入る

ダウンスイングへと
向かうときに
右手首を甲側に折る
背屈を入れるのがコツ

ドリル・4〈コッキングを覚える〉
右手フィンガースプリットハンドドリル

両手を離してクラブを持つスプリットハンドドリルです。

左手は通常のグリップを作り、右手はグリップに近いシャフトの部分に指を引っかけるように持って行います。

その姿勢から左手を押し下げるようにしてテークバックを始動します。

こうするとテコの原理でクラブヘッドがすっと上がっていきます。

コッキングというのはクラブを振り上げながら両手首を折り曲げるように見えますが、テークバックの始動で「左手は下に、右手は上に」と作動させるのが正解です。

この時点でコッキングが完了しますが、そのままバックスイングを続けましょう。

結果的にダウンスイングのスタートでクラブヘッドにハンディをつける準備が整います。

インパクトまでグリップがクラブヘッドに追い抜かれないように振り下ろすことができ、さらにクラブヘッドが加速しながらハンドファーストの形が自然に作られるのです。

この右手フィンガースプリットハンドの素振りを繰り返すと、グリップ支点の振り子運動の感覚がつかめますし、どうやってコッキングすればいいかよくわからないという人にも効果的です。

コッキングはテコの原理を利用する

テークバックの始動で左手を押し下げる

両手を離して持ち、左手を押し下げて右手の指でクラブを引っ張り上げるのがコツ

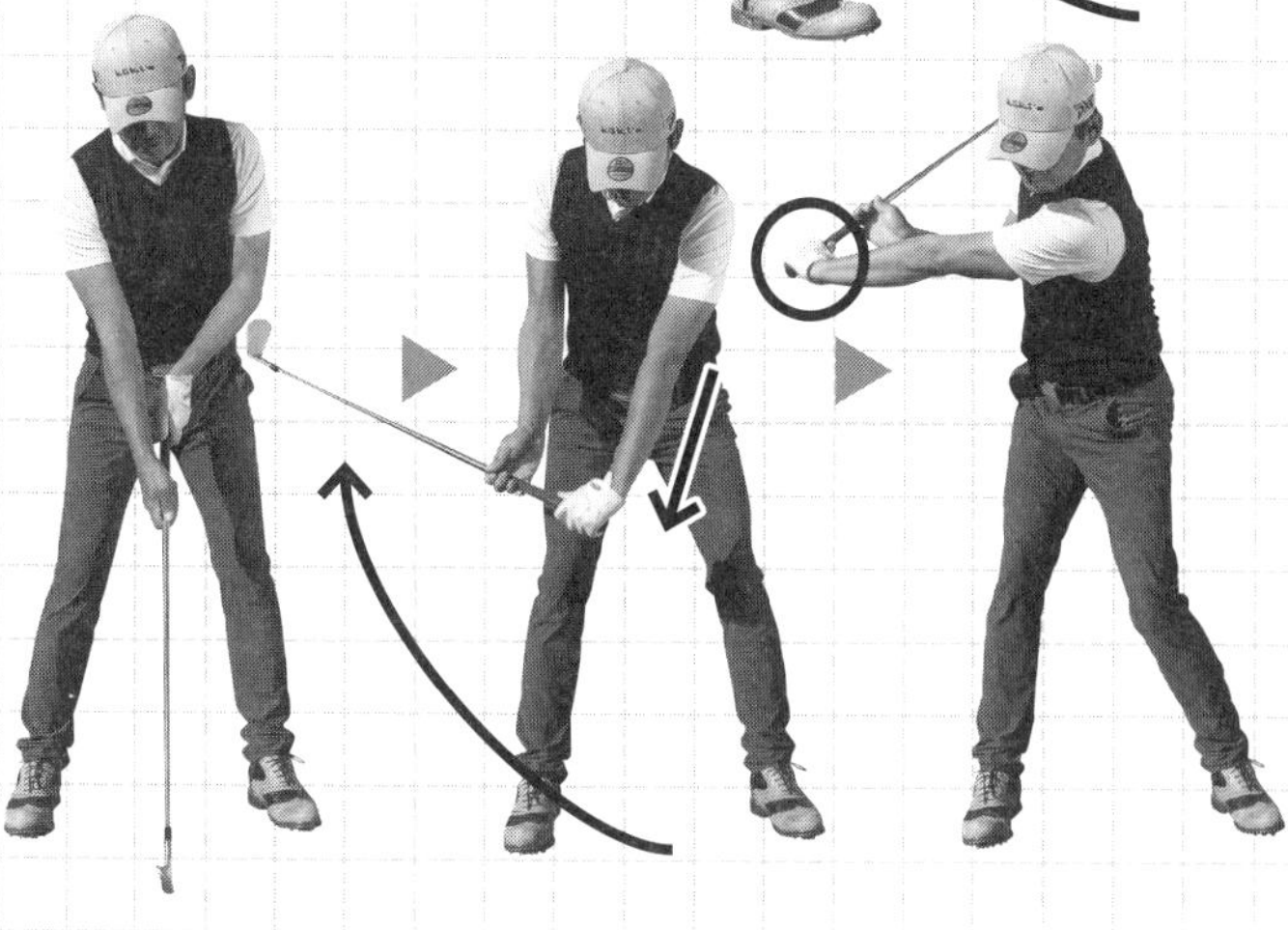

両手を離して持ち、「左手は下、右手は上」へと向かいながらテークバックする。こうしてクラブを立てていくのがコッキングの基本動作だ

ドリル・5〈グリップ支点の振り子の原理を理解〉ワッグルショットドリル

これは普通のスイングをせず、ワッグルだけでボールを打つ練習です。

アドレスの姿勢を作ったら、左手を少し目標寄りに移動させてクラブヘッドで軽く右回りの円を描き、そのままボールを打ちます。

ワッグル動作は、前項の右手フィンガースプリットドリルでテークバックを始動させる瞬間の動きとほぼ一緒です。

そのままバックスイングへと向かうのが通常のスイングで、その位置からボールを打つのがワッグルショットドリルです。

ワッグルはスイングの縮小版というべきものので、ワッグルのような小さい動きでもクラブヘッドにハンディをつけることが条件です。

そして、グリップを先にゴールインさせる意識をしっかり持ち、ハンドファーストにボールをヒットしましょう。インパクトで左手首が手のひら側に折れる掌屈と、右手首が甲側に折れる背屈が自然に生じます。

ワッグルだけでボールをハンドファーストにとらえることができれば、グリップ支点の第一振り子の運動をマスターできたも同然です。

ただし、ワッグルの始動でグリップが目標と反対側に動いたり、クラブを時計の針が回る方向と逆に回したりしてはいけません。

ワッグルだけでボールを打ってみよう

手元を目標側に少し動かし、
クラブヘッドで
右回りの小さい円を描く

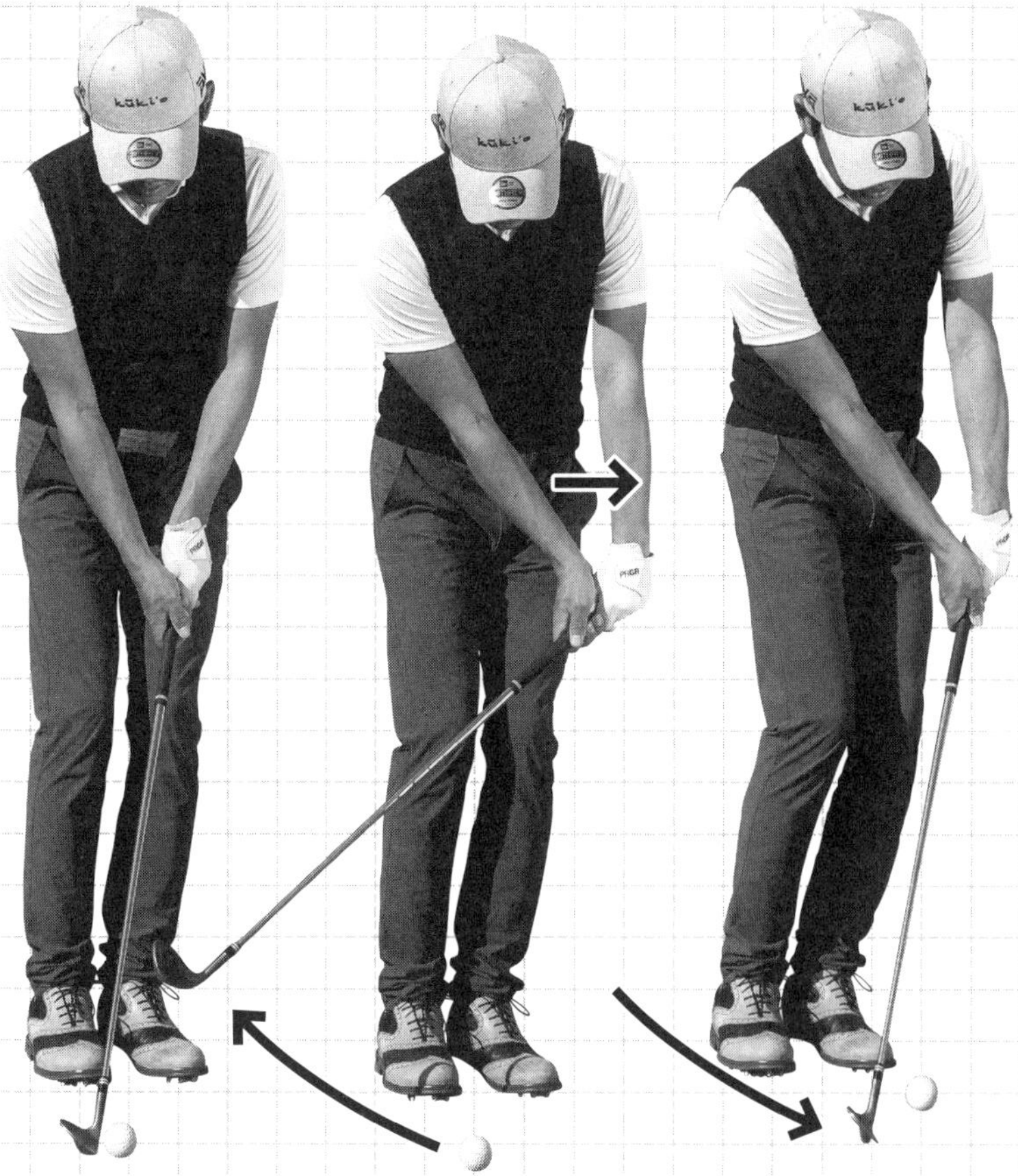

ワッグルは正しいスイングの縮小版だ。小さい動きでもグリップを先にゴールインさせてハンドファーストに打つのが大切なポイント

ドリル・6〈右手グリップの支点を理解〉ペン指先握りドリル

グリップ支点の振り子運動のレベルが上がり、グリップ内の加圧変化がうまく感じられるようになると、グリップをバランスよく握れている証拠となります。

右手をガチガチに固めて握っている人は、右手首の柔軟性が損なわれて振り子運動がスムーズにできません。

右手の握った形にはそれほどこだわらなくてもいいのですが、振り子運動の支点を感じることはとても大事です。

ボールペンのような細いものを、右手の指先のほうで握ってみてください。

右手をバットを握るように手のひらで握ると右手首が固まりますが、指先のほうで握れば右手首が稼働しやすくなることがよくわかります。

右手にそれほど力を入れなくても右手グリップに締まりが感じられるでしょう。それだけ支点を意識しやすいのです。

この握りのままで、ドリルの2と3のクラブ右回しドリルをすると、右手グリップ内の圧力変化がより明確となります。

右手は絶対に指先で握らなくてはいけないという決まりはありませんが、グリップ支点の振り子運動を円滑に行うには、指先のほうで握るのが有利なのは間違いありません。

右手の指先のほうでペンを握ろう

○

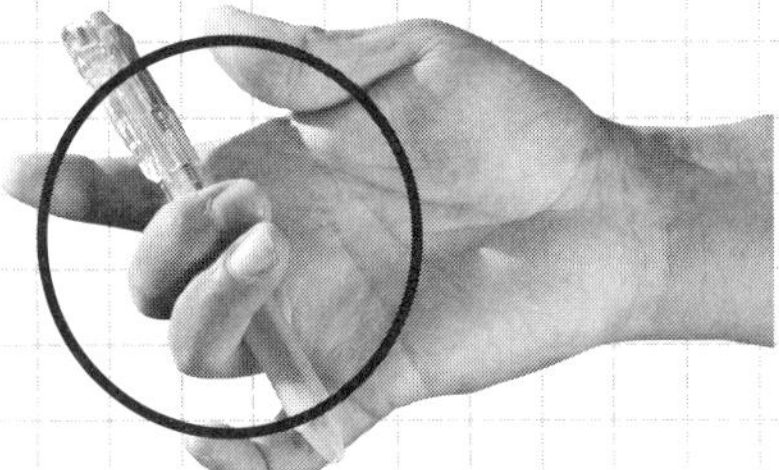

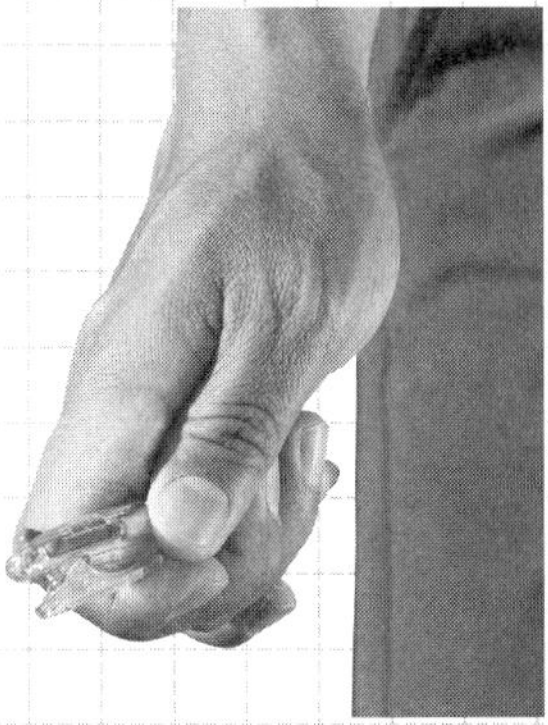

右手の中指、薬指の２本を中心に、指をペンに巻きつけるように握る

×

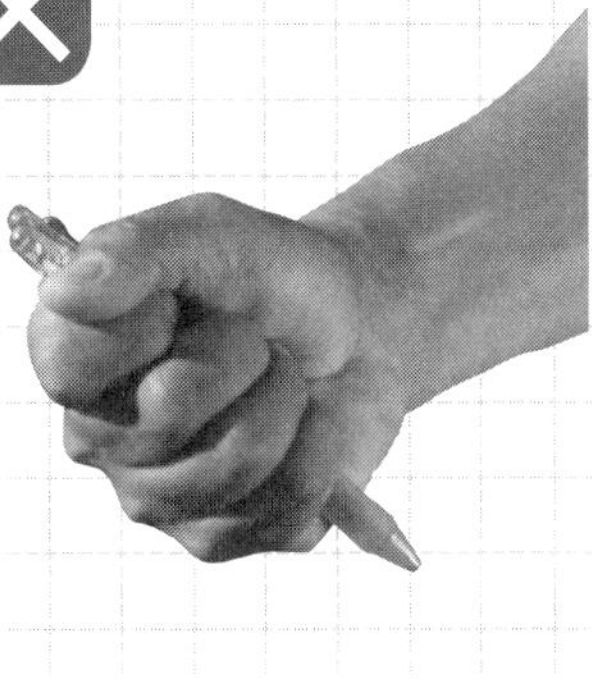

右手のひらで握ると右手首が硬くなり、振り子運動がスムーズにいかない

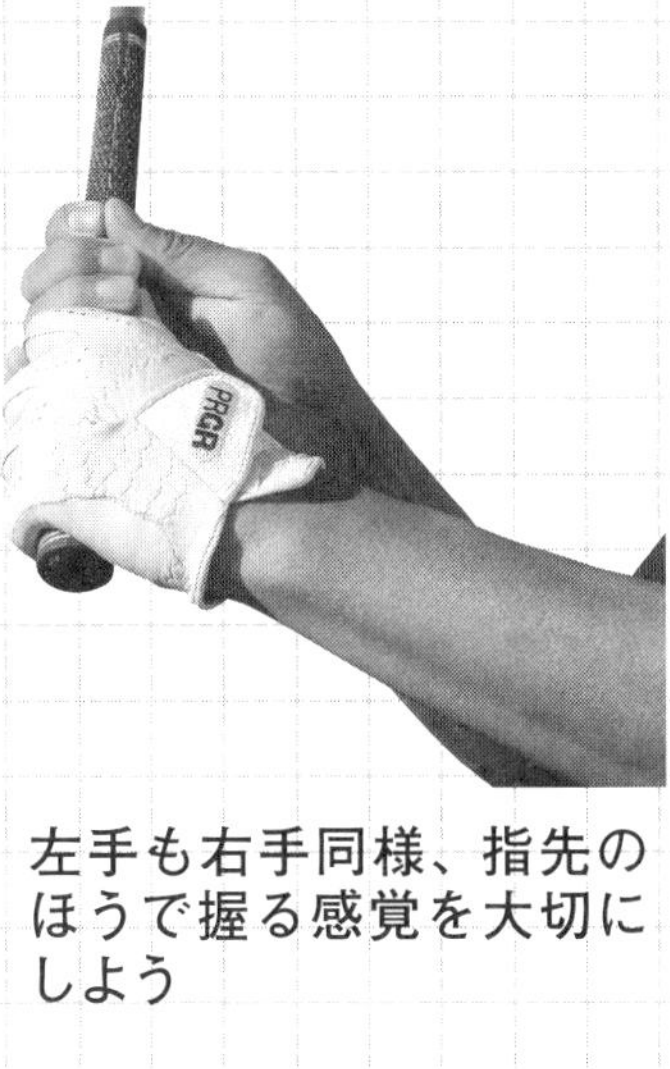

左手も右手同様、指先のほうで握る感覚を大切にしよう

ドリル・7〈左手の力みを防止〉左手グリップタオルドリル

これは左手が力んでしまうゴルファーのためのドリルです。

左手を最初からガチガチに握っていると、左腕が硬直した構えとなります。

左手グリップをソフトに握っていても、インパクトの瞬間に左手が力むと、やはり左ヒジが突っ張ってしまいます。

結果として左腕が内旋し、フェースが開いてヒール寄りに当たってしまうのです。

つまり自分から見て左腕が右側に回旋し、左手の甲が上を向いてしまうということです。

左手が力みやすい人は、左手グリップにタオルを巻き、その上から左手を握ってスイング練習をしましょう。こうすると左手を強く握れなくなります。

そのままスイングすれば、左手グリップを適度な握り圧にキープできますから、インパクトで左腕が内旋してしまうミスが解消されます。

タオルはやや小さめのフェイスタオルで十分です。

左手も右手同様、必ず指先で握らなくてはいけないわけではないですが、グリップ支点の振り子運動が稼働しやすく、左手グリップ内の圧力変化を感知しやすいように握ることが大切です。

左手の力みは振り子運動を壊してしまう

左ヒジが突っ張ると左腕が内旋し、左手の甲が上を向く

左手が力むと左腕も硬直してしまい、グリップ支点の振り子運動がスムーズにできない

タオルを巻いて左手をグリップ

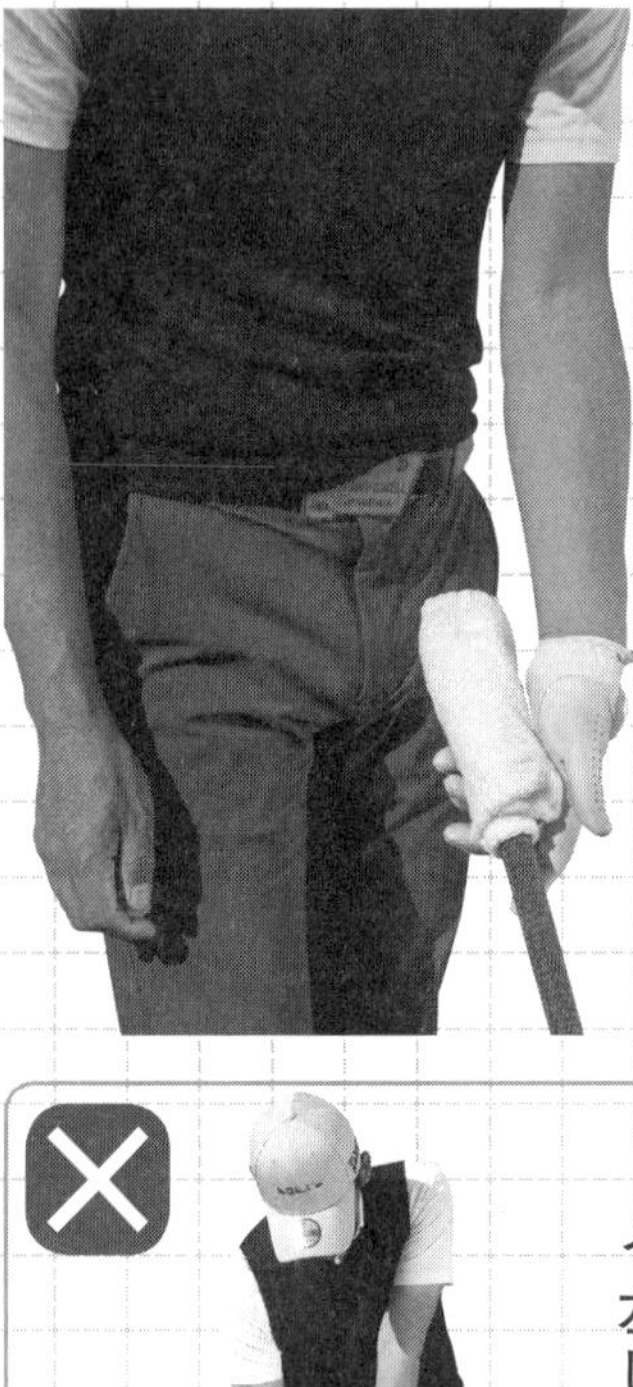

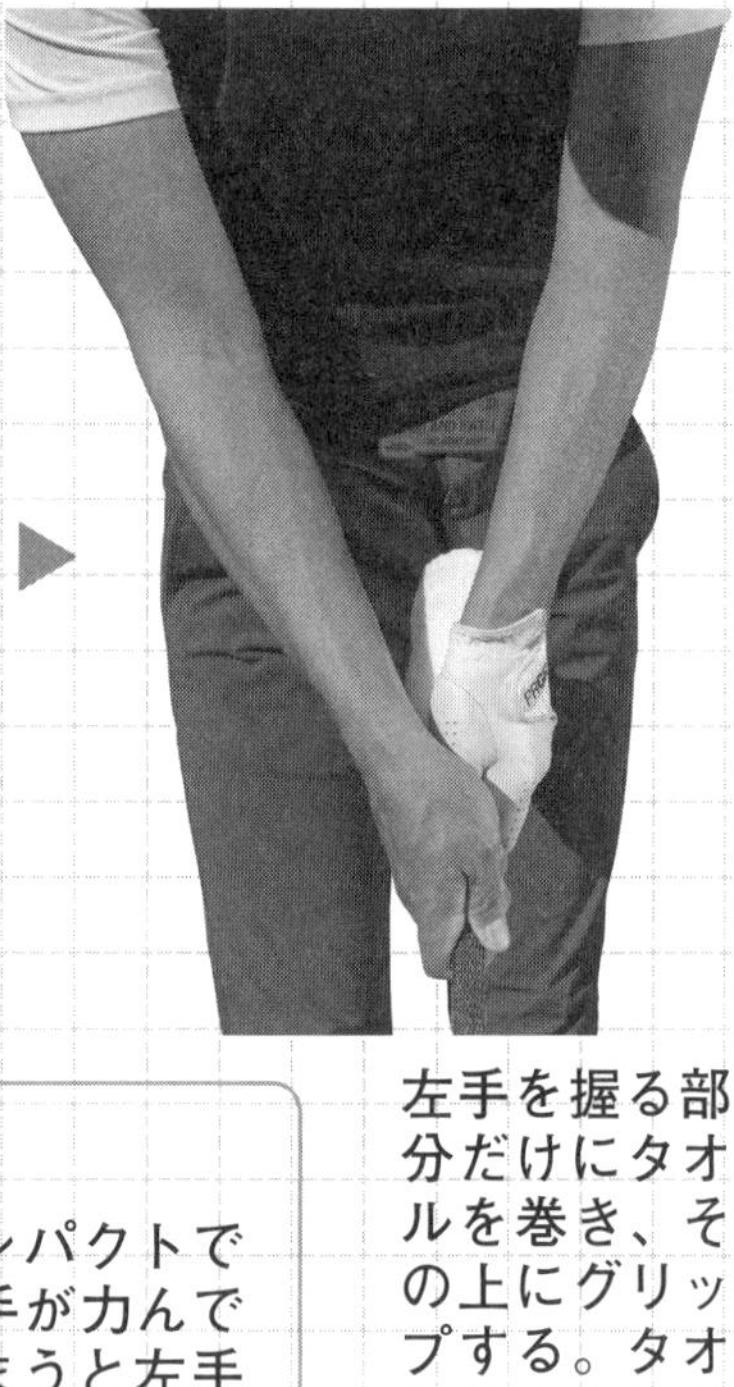

左手を握る部分だけにタオルを巻き、その上にグリップする。タオルは小さめのものがいい

インパクトで左手が力んでしまうと左手がブレーキとなり、手首をこねてしまうケースも多い

左手首の掌屈を意識してスイング練習

ハンドファーストのインパクトが作れる

インパクトではクラブヘッドがグリップよりも遅れるようなハンドファーストの形となる。左手首を手のひら側に折る掌屈も意識することだ

ドリル・8〈腕主体の動きを体感〉正面突き瓦割りドリル

ボールの代わりに、足元に空手の瓦割りのように数枚の瓦が積んであるとイメージしましょう。

そして、クラブを持たずにアドレスの前傾姿勢を作り、両腕をリラックスさせた体勢から瓦を粉々に粉砕するつもりで右腕を大きく引き上げて、右コブシを思い切り振り下ろします。

ここで右コブシを恐々と下ろしては腰が回らず、瓦を壊せるようなパワーを発揮できません。

腕を動かすことが第一ですが、腰が止まったままでもダメなのです。

その点、右コブシをしっかり突けば、自動的に胸部と腰が回転します。

回るというよりは、「腰が切れる」という感覚です。

このように腕と胸部をしっかり動かせば下半身の動きもついてきますし、上体が主体となることで腕と体の動きのバランスが整うのです。

この瓦割りの感覚はシャドウだけとなりますが、この動きを繰り返すことにより、体の使い方が自然と正しい動きになるということが理解できてくると思います。

腕をしっかり動かせば腰が自然に回転

体も前に置いた瓦を思い切る割るイメージ

右腕を大きく引き上げて、右コブシを思い切り振り下ろそう。腕主体の動きで腰が自動的にターンする。これが腕と体の調和だ

パワーのベクトルをボールに向ける

最初に両腕をリラックスさせた姿勢から、右腕を引き上げてパワーをためるイメージ

インパクトの瞬間にパワーを出し切る

ためておいたパワーのすべてを瓦にぶつける気持ちで腕を振り下ろす。骨盤も自然と旋回するのがわかる

瓦割りのイメージでパワー効率がアップ

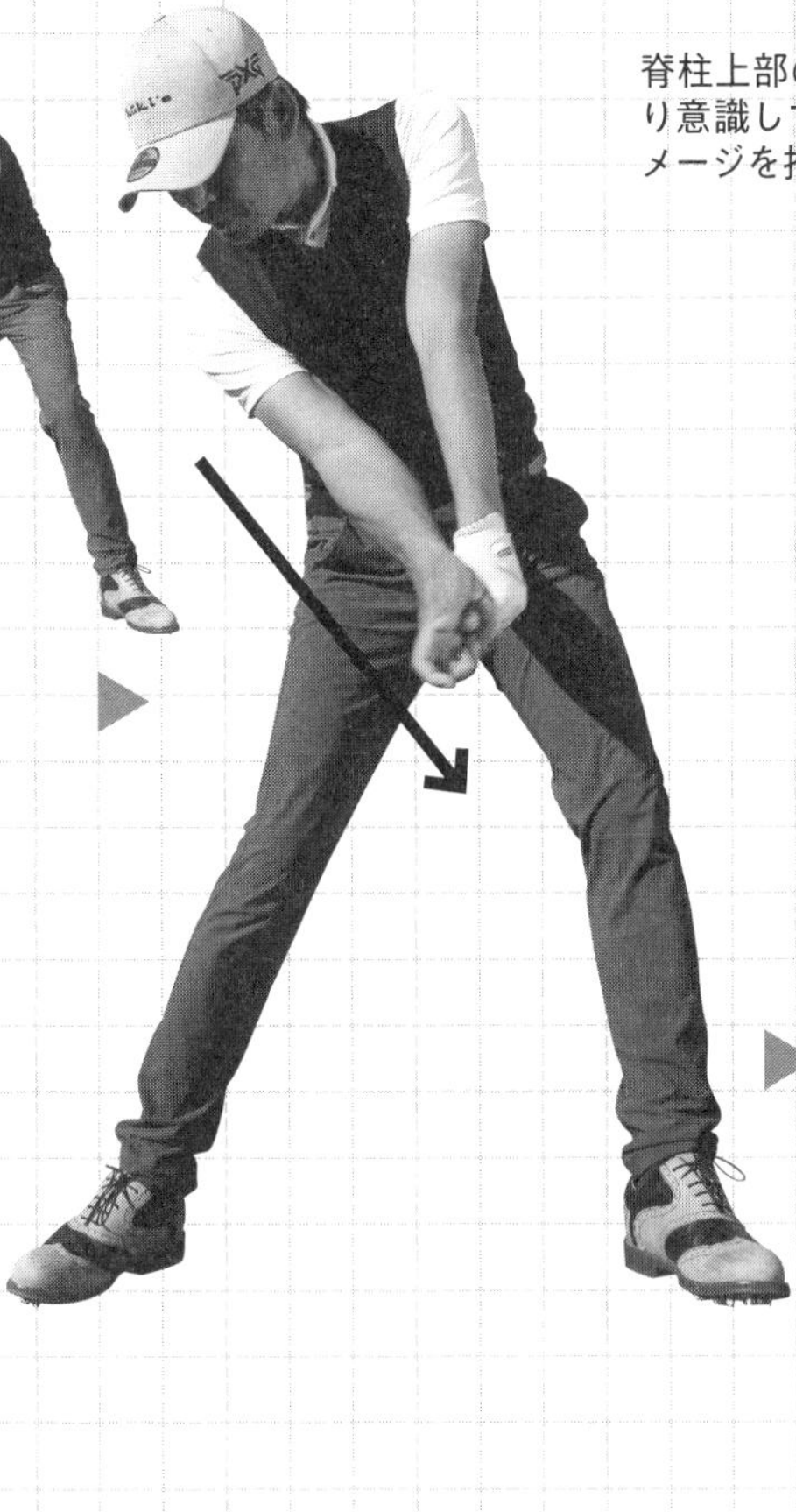

脊柱上部の支点をしっかり意識して、瓦割りのイメージを持って振る

腕を振り下ろすだけでも、インパクト以降は「惰性」によって自然にフィニッシュへと向かう

ドリル・9〈上体と下半身の調和を体感〉四股踏み体幹回しドリル

お相撲さんのように四股《しこ》を踏むような体勢を作り、上体を左右に回すドリルです。

両足を十分に広げて腰をしっかり落とし、両腕を胸の前で組んでおきます。

そしてバックスイング方向に胸を右に回し、そこから胸を左に回してフォロースルーへと向かいましょう。

下半身がよろけない程度に胸をしっかり回すのがポイントです。

そうすると下半身を動かそうと思わなくても、上体を動かす意識だけで下半身も勝手に動くことがわかるでしょう。

コースでも、傾斜地からショットを打つときは下半身も大事ですが、なるべく上体に意識を持っていくほうがいいのです。

傾斜地では足腰が安定しにくいので、下半身を固めることばかりに意識がいきがちですが、下半身をメインに考えないことです。

特にツマ先下がりのように足腰のバランスが保ちにくい場面では、四股を踏むつもりで構え、あとは上体主導でスイングすることが大切です。

それだけで上体の動きを妨害しない程度に下半身が自然に動くことを、このドリルで理解して頂ければ、傾斜地からのショットもうまく打てるようになります。

四股踏みで上体と下半身の連動を感じよう

両足を大きく広げて腰を十分に落とし、両腕を胸の前で組む

胸を左右に回せば、下半身も勝手に動く

下半身を動かそうと思わなくても、上体が動けば下半身も連動して動く。下半身をあまり動かせない傾斜地でのショットはこのイメージが大きく役立つ

ドリル・10〈前後左右の重心移動を感知〉
8の字重心移動ドリル

スイング中は左右に体重移動が行われるといいますが、実は左右だけでなく、前後の体重移動も発生しています。

体重移動というと、体を丸ごと左右や前後に動かすイメージが強調されやすく、誤解も招きやすいので「重心移動」という表現が適切でしょう。

自分で重心の移動をコントロールしているわけではなくて、グリップ支点の第一振り子と脊柱上部支点の第二振り子によるクラブの運動で重心が前後左右に自然に移動すると考えてください。

8の字重心移動ドリルは、クラブの運動からくる自然な重心移動を、あえて意識しながらスイングする練習です。

アドレスでは重心は両足の拇《ぼ》指《し》丘《きゅう》にほぼ均等に乗っています。そしてテークバックを開始し、トップに近づいていくほど、重心が右足のカカト寄りに移動していきます。

ダウンスイングから重心が左足のツマ先寄りに移動し、インパクトでは重心が左足のツマ先寄りからカカト寄りへと移動するのです。

ダウンスイングの開始からインパクトに向かうときの右足はカカト側からツマ先側へと移動し、フィニッシュでは右足の親指で体のバランスを支える感覚となります。

いってみれば、重心が8の字を描くように移動するイメージです。

体が柔軟な人でしたら、フィニッシュでも左ツマ先寄りに重心をキープするのも構いませんが、体が硬い人はボールをしっかりと打ち抜くまでは前傾姿勢をキープし、それから徐々に上体を起こしてフィニッシュを迎えるのもOKです。

この場合は、フィニッシュで重心が完全に左カカトに乗って、左ツマ先が少し浮くような形となります。

ただし、ダウンスイングから左ツマ先をいっさい経由せずに、いきなり左カカトに乗ってしまうのはいけません。

インパクトで上体が起きて手元が浮き上がり、フェースが開いてしまうからです。

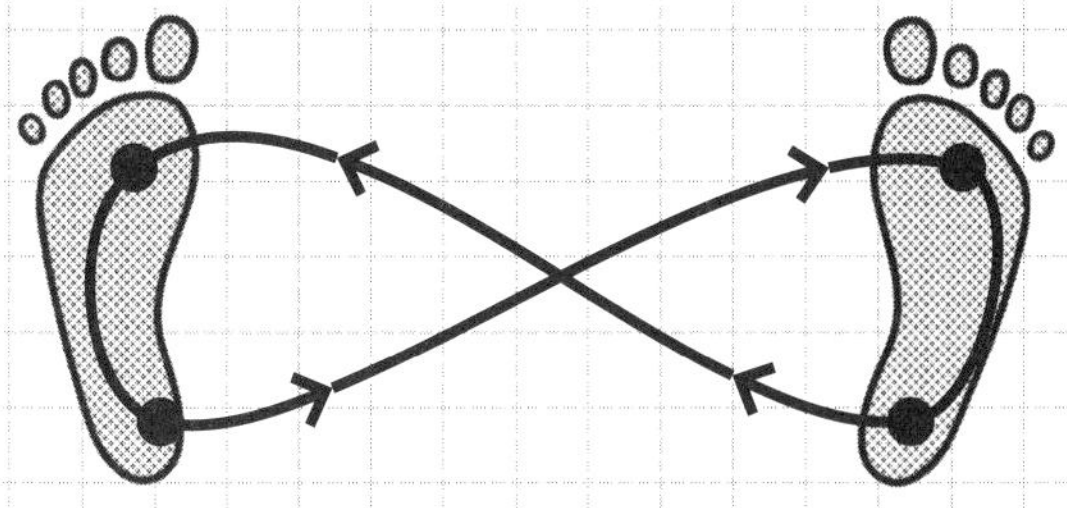

スイング中はクラブの運動によって、重心が8の字を描くように前後左右に移動する

ダウンスイングでは左足のツマ先に重心が乗る

ダウンスイングで重心が左足のツマ先に移動し、インパクトで加圧が最大となる。これは前傾角度をキープするため。インパクト以降は重心が左足のカカトへと移動する

バックスイングは重心が右足のカカトに移動

アドレスでは重心は両足の拇指丘に均等に乗っている。トップに向かうときは右足のカカトに重心が移動し、加圧も強まる

ドリル・11〈2つの振り子の基本動作を理解〉三角ガチガチドリル

このドリルは体の動きを二段階で学習する練習です。

まず両腕を自然に伸ばしてアドレスの姿勢を作ります。

そして両肩と両腕の三角形をキープし、手首を固定したままで上体を左右に回転します。つまり、グリップ支点の第一振り子をいっさい使わずに、脊柱上部支点の第二振り子運動だけを稼働させるのです。

ヒジを固めていっさい曲げずにしておくことで体と腕が同調したボディモーションを体感できます。

ここから手首を解放してあげて、グリップ支点の振り子運動を作動させると、スイングの完成形となります。

そう考えれば、第一振り子と第二振り子の連動はそれほど難しいことではなくて、案外シンプルなことに思えてきませんか？

この練習のポイントは、スイング中に腕をあまり曲げずに、2つの振り子をバランスよく稼働させる感覚をマスターすることです。

バックスイングで左ヒジを曲げすぎたり、フォロースルーで左ヒジが引けたりして、2つの振り子運動のバランスを崩してしまうゴルファーに特に適しています。

第一段階はノーコックでスイング

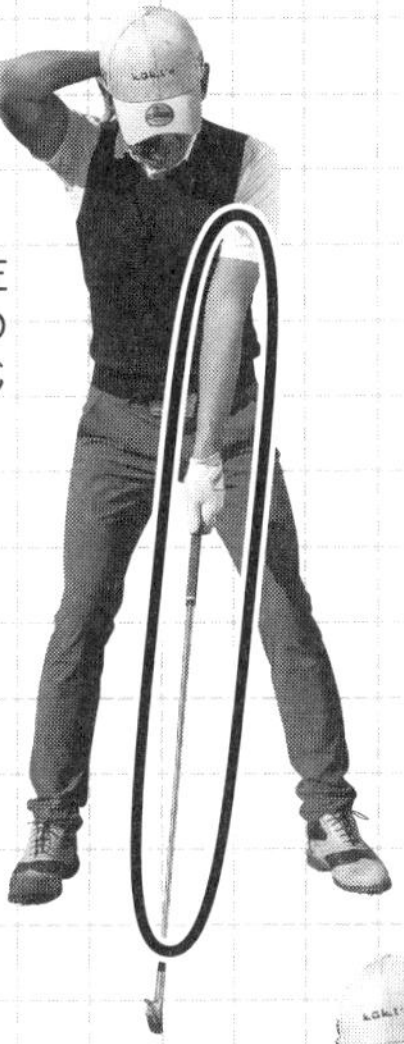

アドレスで左腕とクラブの一体感を感じておこう

手首を固定したまま脊柱上部支点でスイング

手首をいっさい使わずに、アドレスの両肩と両腕の三角形をキープして振る。これが第二振り子の基本の動作となる

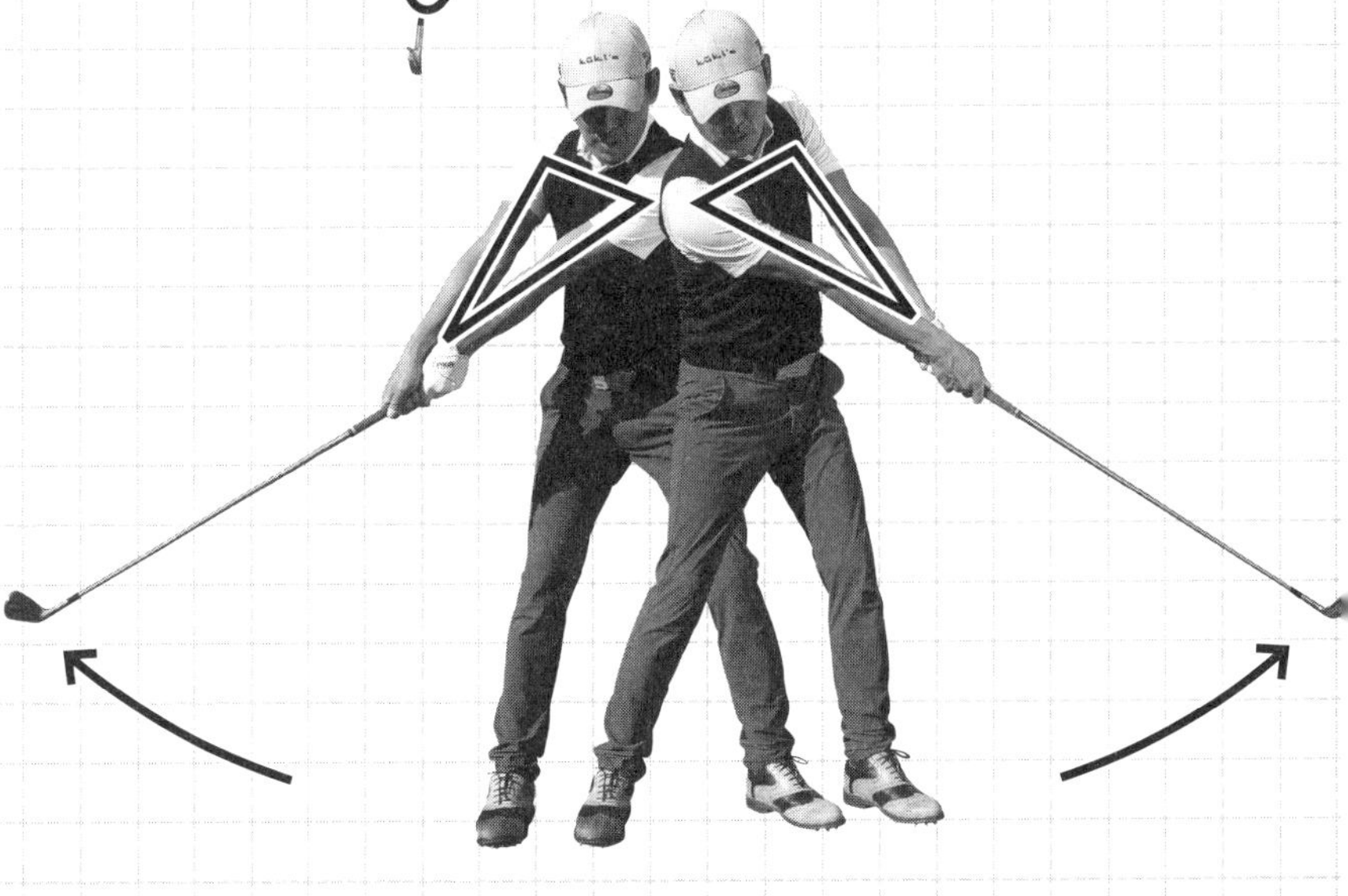

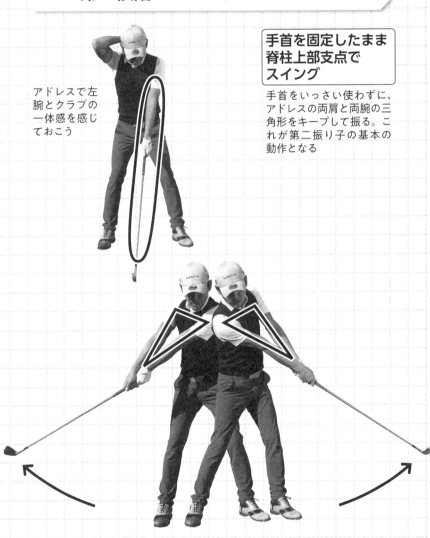

第二段階はグリップ支点を解放

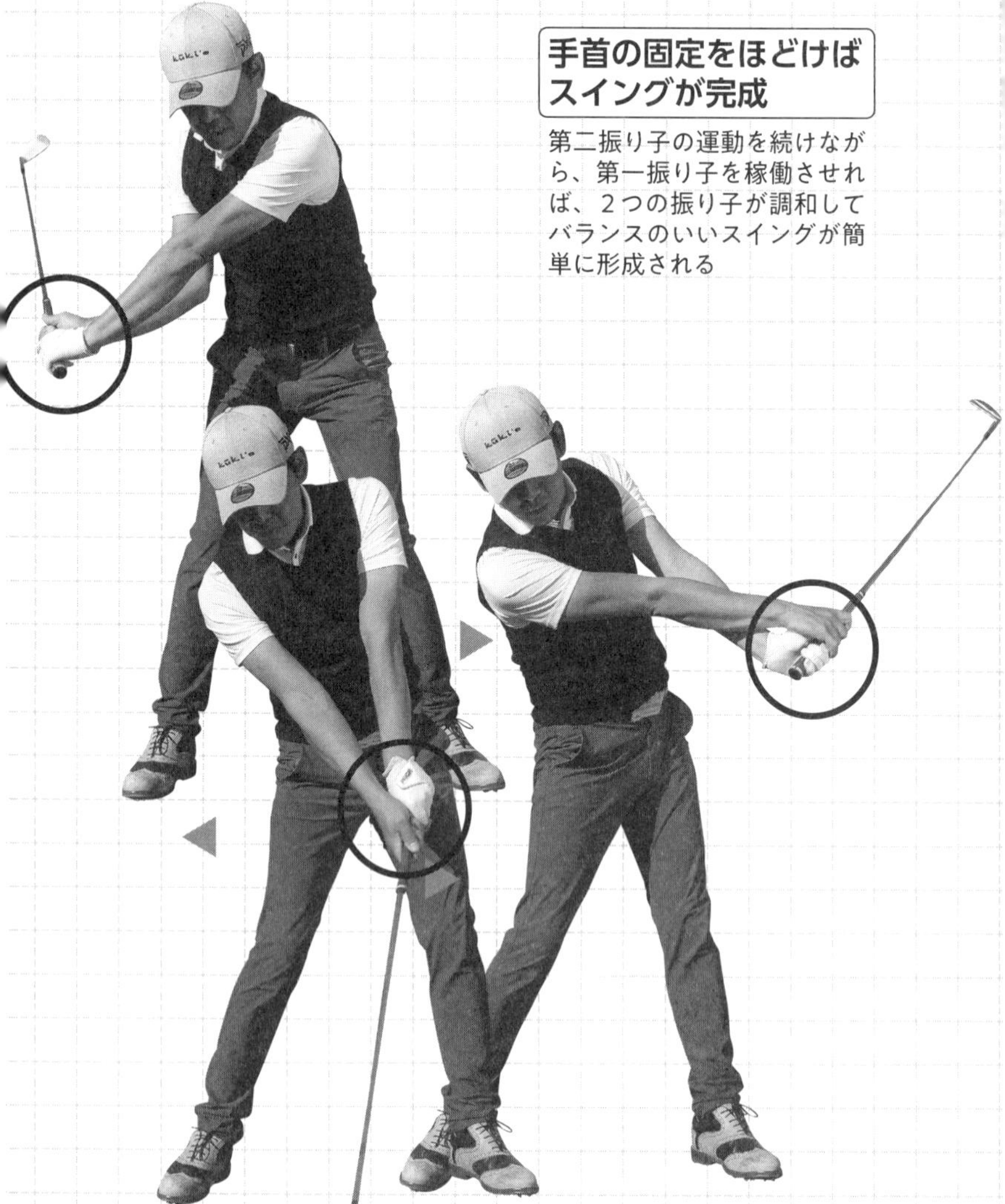

手首の固定をほどけばスイングが完成

第二振り子の運動を続けながら、第一振り子を稼働させれば、2つの振り子が調和してバランスのいいスイングが簡単に形成される

ヒジを曲げすぎる人の修正法として効果的

この練習は腕をなるべく伸ばし、ヒジを硬くするイメージで練習するのがコツ。特に左腕をあまり曲げないようにする

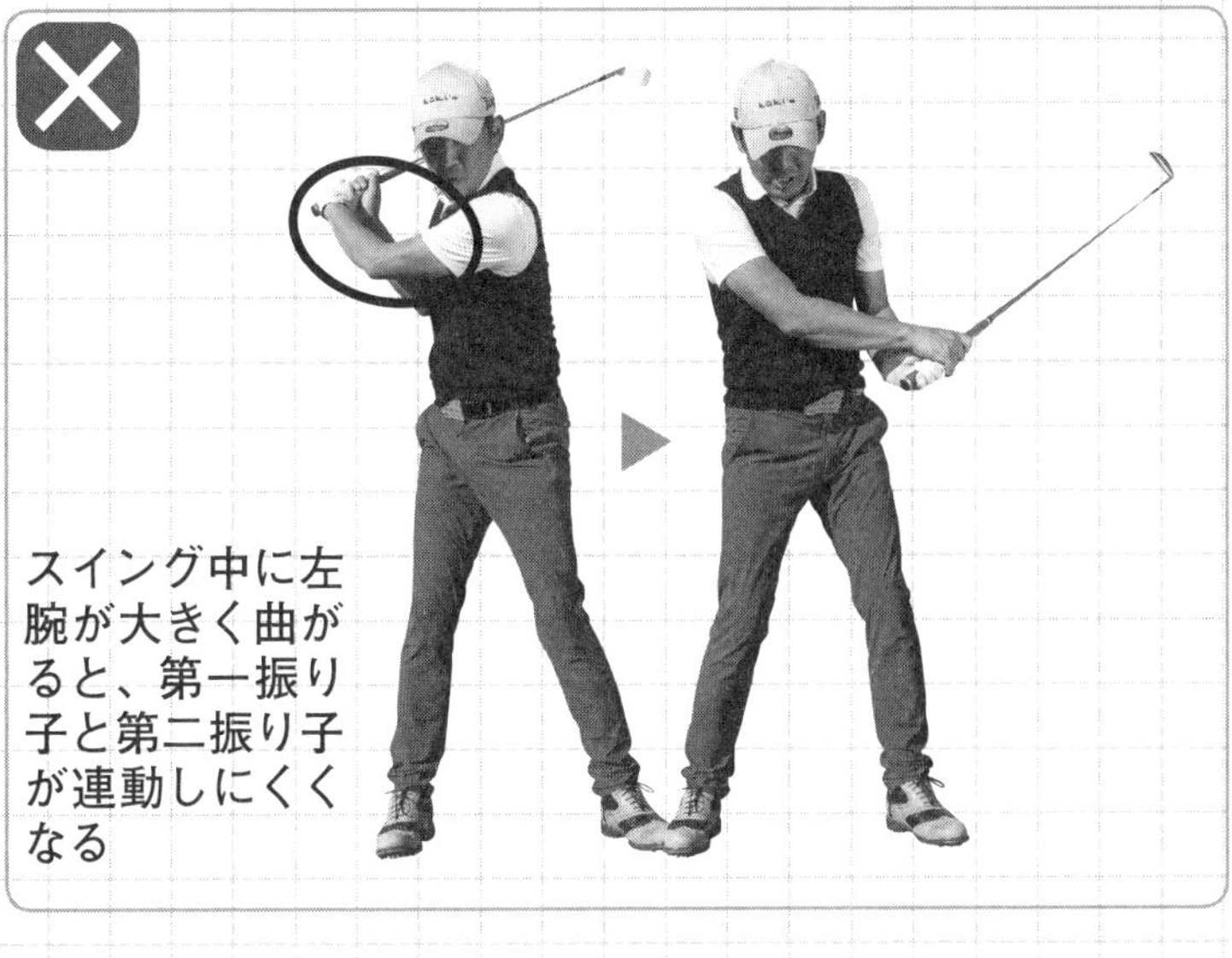

スイング中に左腕が大きく曲がると、第一振り子と第二振り子が連動しにくくなる

ドリル・12〈フェースターンやトゥヒットを体感〉アイスホッケードリル

アイスホッケーで使われる「スティック」と呼ばれる打球棒を使った練習法です。

私はアイスホッケーの経験はありませんが、アイスホッケーの選手たちが氷上でパックを速いスピードでパスするときの動作はゴルフスイングの原理によく似ていると思い、レッスンでも使っています。

スティックには、ゴルフクラブと同じようにライ角があります。

そしてスティックの面の先のほうでパックを止め、手元をリードさせながら素早くパックを滑らせています。

左手首の掌屈と右手首の背屈、ハンドファーストの形、ゴルフでいうトゥヒット、そしてフェースターン。

スティックの動きにはゴルフの基本形のすべてが凝縮されているのです。

スティックがなくても、7番アイアンなどでアイスホッケーのイメージでクラブを動かしてみるだけでも大きな効果があります。

クラブヘッドのソールの全体を地面に軽くつけたままで、ソールを地面の上で引きずってみましょう。

ハンドファーストの形が作られて、クラブヘッドは緩やかな円軌道を描きながらフェースターンすることが実感できます。

道具のライ角を利用するのがコツ

アイスホッケーのスティックにもゴルフクラブと同じようなライ角がある

ホッケーの選手がスティックを使ってパスを送るときは、ライ角をキープし、手元を先行させている

クラブを使ってホッケーの練習をする

ソールをつけて引きずってみよう

クラブヘッドのソールを地面につけた状態でできるだけ長く引きずる。左手が自然に掌屈し、ハンドファーストの形が作られるはずだ

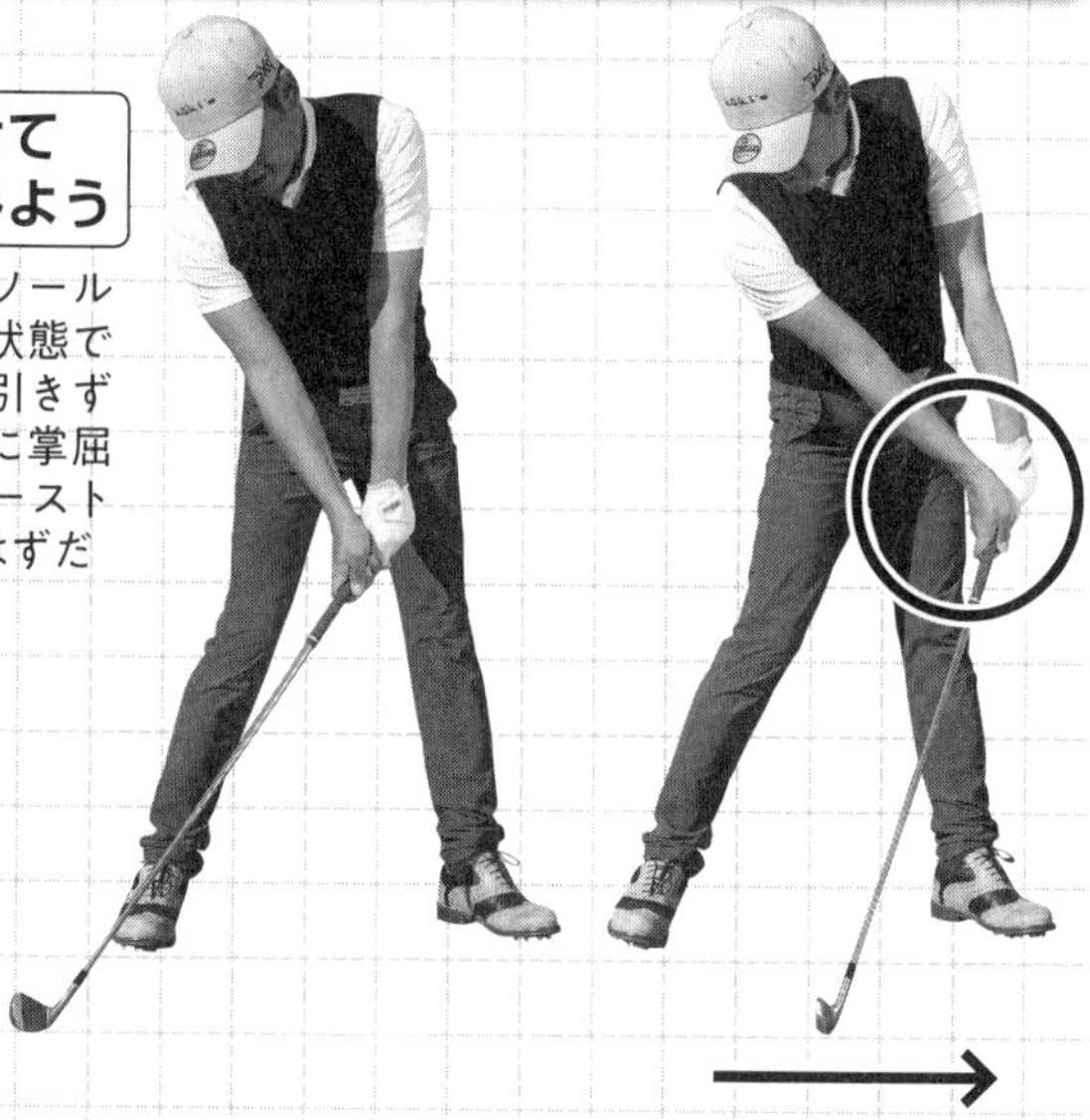

×

前傾角度が変わり、上体は起き上がってしまうのもNG

手元が遅れるとソールを長く引きずることができない

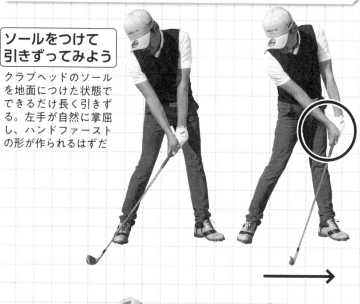

ライ角キープがフェースターンを促す

頭の位置をできるだけ変えずに、クラブヘッドを長く引きずるには緩やかな円軌道を描くしかない

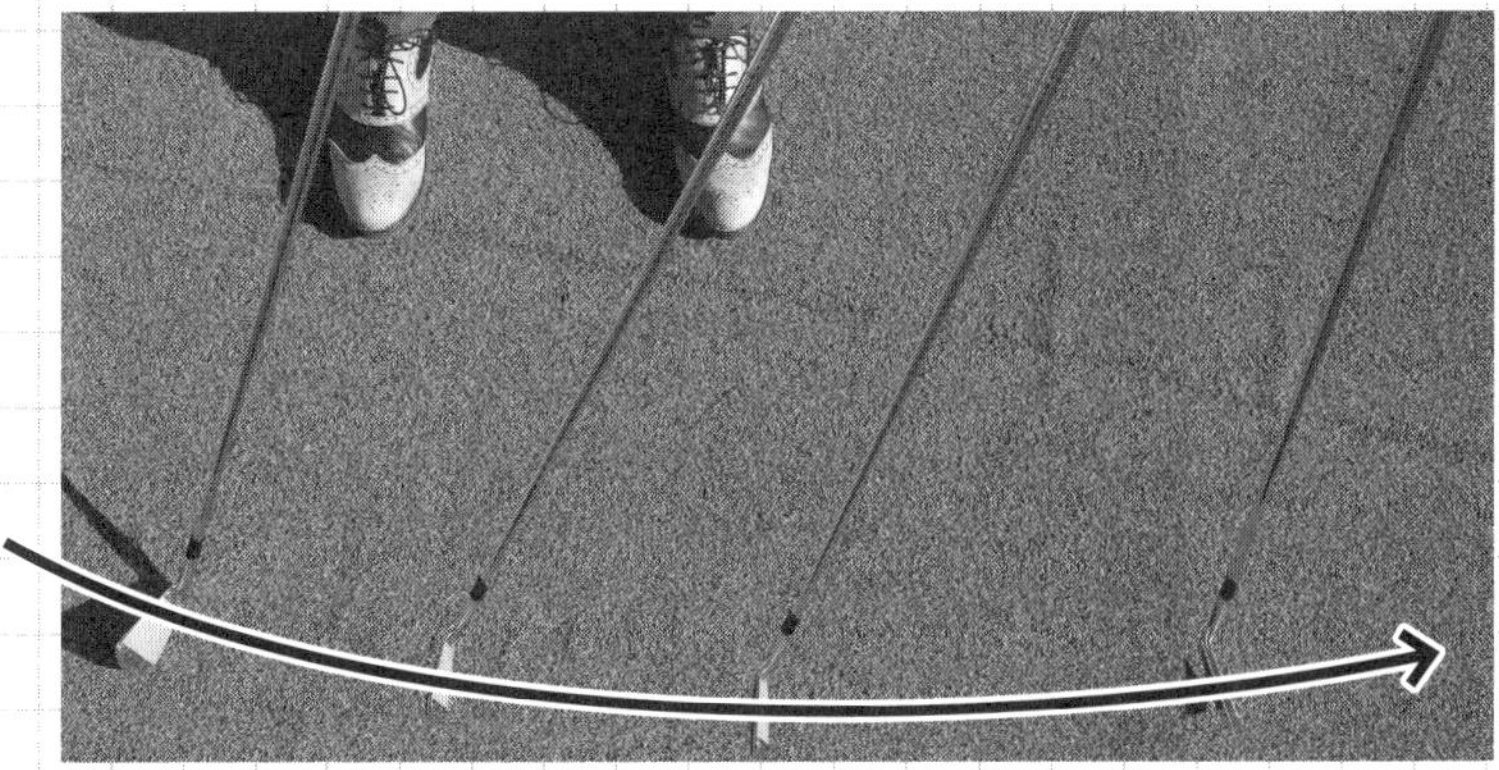

緩やかな円弧を描きながら、フェースがターンする。フェースがどこまでも真っ直ぐに動くのは間違い

おわりに

最後まで読んでくださり、まことに有り難うございます。

「ゴルフの視点が大きく変わりそうだ」と、そんなふうに思って頂けたら嬉しく思います。

本書はクラブを主ととらえて、スイングを覚えるための手引きです。

クラブの正しい使い方をマスターするための本と考えてください。

私のこれまでのレッスン経験で培ったことや、多くのゴルファーにお伝えしたかったことを一冊にまとめたものです。

ゴルフスイングの構築について考えるとき、「体をどう動かすか」から始まって、次に「では、腕とクラブをどう振るか」という順で考える人がほとんどです。

自分が主で、クラブは従。そう思い込んでいるところに、ゴルフを難しくしている要因があるように思えてなりません。

本来は「クラブが主で、自分は従」であるべきなのに、主従関係が逆転しているからスイング作りがなかなかうまくいかないのです。

そうした人たちは、ゴルフクラブの機能とか特性には目がいっていませんし、道具にいかに仕事をさせるかという発想もありません。

ボールをヒットする部分のヘッドの重心が、グリップの延長にないゴルフクラブは異質ともいえる形状をしています。
ゴルフクラブという道具を上手に使いこなすためには、グリップ支点の第一振り子の運動を先にマスターし、次の段階として脊柱上部支点の第二振り子運動を覚えて、2つの振り子の調和を考えるという作業がとても大切となるのです。

わからなくなったら144ページのように、水平素振りを繰り返しながら上体を少しずつ前傾していくと、クラブの正しい使い方にマッチした体の動きを理解できます。

182ページの「三角ガチガチドリル」で説明しましたように、脊柱上部支点の振り子運動とグリップ支点の振り子運動を分類して覚え、2つの動きを調和させる練習に取り組むのもいいでしょう。

軸の固定を意識しておけば、つまりスイングの原理原則を守れば、あとはアドレスの姿勢なども自然と正しくなるのです。

最後になりますが、本書の出版にあたり、河出書房新社の稲村光信さん、構成者の三代崇さん、菊池企画の菊池真さんには多大なる御協力を賜りました。
この場をお借りして厚く御礼を申し上げます。

森　守洋

森 守洋（もり　もりひろ）

◆プロフィール

１９７７年2月27日生まれ。静岡県出身。高校時代にゴルフを始める。95年に渡米し、サンディエゴにてミニツアーを転戦しながら腕を磨く。帰国後、陳清波に師事し、ダウンブロー打法を学ぶ。現在は、東京都三鷹市で「東京ゴルフスタジオ」(http://tokyo-gs.com/)を主宰し、原江里菜プロら複数のツアープロコーチを務め、多くのアマチュアの指導にも当たっている。

著書に『ゴルフ 誰もいわなかったプロのスイングになる極意』（河出書房新社）、『フェースターンで身につく 本当のダウンブロー――開いて閉じるだけ！』『写真でわかる森守洋流 新しいゴルフの基本』（主婦の友社）、『ゴルフ【苦手】「勘違い」に気付けば１００を切れる！』『ゴルフ【苦手】を【得意】に変えるパッティング』『ゴルフ【苦手】を【得意】に変えるショートゲーム』（池田書店）、『9割のゴルファーが知らない 90台が出るスイング』（学研プラス）、『ゴルフ プロのダウンブロー最新理論』（青春出版社）など多数。

誰《だれ》も教《おし》えてくれなかったゴルフクラブ最強《さいきょう》の使《つか》い方《かた》

二〇二〇年三月二〇日　初版印刷
二〇二〇年三月三〇日　初版発行

著　者……森 守洋
発行者……小野寺優
発行所……株式会社河出書房新社
〒一五一―〇〇五一　東京都渋谷区千駄ヶ谷二―三二―二
電話〇三―三四〇四―一二〇一（営業）〇三―三四〇四―八六一一（編集）
http://www.kawade.co.jp/

構成……三代 崇
撮影……富士渓和春
イラスト……鈴木真紀夫
協力……東京ゴルフスタジオ
ブックデザイン・組版……原沢もも
編集……菊池企画
企画プロデュース……菊池 真

印刷・製本……三松堂株式会社

Printed in Japan　ISBN978-4-309-28786-7